Noam Chomsky

WEIL WIR ES SO SAGEN

aus dem Englischen von Gregor Kneussel

Titel der englischen Originalausgabe (© Noam Chomsky 2015):
Because We Say So

Bibliografische Information der Deutschen Bibliothek:
Die Deutsche Bibliothek verzeichnet diese Publikation
in der Deutschen Nationalbibliografie.
Detaillierte bibliografische Daten sind im Internet über http://dnb.ddb.de
abrufbar.

Übersetzung und Satz: Gregor Kneussel
Druck: CPI – Clausen & Bosse, Leck
Printed in Germany
ISBN: 978-3-85371-393-8

Fordern Sie die Kataloge unseres Verlages an:
Promedia Verlag
Wickenburggasse 5/12
A-1080 Wien
E-Mail: promedia@mediashop.at
Internet: www.mediashop.at
www.verlag-promedia.de

NOAM
CHOMSKY

„WEIL WIR ES SO SAGEN"

TEXTE GEGEN DIE AMERIKANISCHE
WELTHERRSCHAFT IM 21. JAHRHUNDERT

PROMEDIA

Der Autor:
Noam Chomsky, geboren 1928 in Philadelphia, ist emeritierter Professor für Linguistik am Massachusetts Institute of Technology (MIT). Seine sprachwissenschaftlichen Theorien machten ihn zu einem der einflussreichsten Wissenschaftler auf diesem Gebiet. Als Kritiker der US-amerikanischen Politik erlangte er weltweite Berühmtheit und wurde wiederholt von den amerikanischen Behörden in Haft genommen, erstmals 1967 bei einer Demonstration gegen den Vietnamkrieg. Chomskys Eintreten gegen Kapitalismus, Globalisierung und die Manipulation der Medien schlug sich auch in mehr als hundert Büchern nieder, die er im Laufe seines Lebens verfasste. Bei Promedia erschien zuletzt von ihm *Die Herren der Welt. Essays und Reden aus fünf Jahrzehnten* (2014; 5. Auflage 2015).

Der Übersetzer:
Gregor Kneussel, geboren 1973 in Wien, studierte an der Universität Wien Sinologie und Sprachwissenschaft sowie an der Universität Beijing chinesische Geschichte. Er arbeitet als Lektor und Übersetzer in Beijing und Wien.

Inhalt

Vorwärts in den Abgrund 7
Menschen und Unpersonen 13
Jahrestage aus der Ungeschichte 17
Was will der Iran? 23
Bildungsabbau 29
Cartagena: Nicht nur ein Geheimdienstskandal 35
Die Verbrechen anderer 41
Die Magna Carta: ihr Schicksal, unser Schicksal 47
Nach Hiroshima 53
Farce und Tragödie 57
Worüber Obama und Romney schweigen 63
Gaza: das größte Freiluftgefängnis der Welt 69
Angriff auf Gaza 79
Die größte Bedrohung für den Weltfrieden 87
Wem gehört die Welt? (1) 93
Würde und Gewalt in Palästina 97
Nach dem Anschlag von Boston 103
Schuldspruch in Guatemala 109
Wem gehört die Welt? (2) 115
Ist Edward J. Snowden an Bord dieser Maschine? 121
Vermittler oder Betrüger? 127
Die Obama-Doktrin 133

Die Entamerikanisierung der Welt ... 139
Rückschau auf die Achse des Bösen ... 145
Was ist das Gemeinwohl? ... 151
Das Recht des Stärkeren ... 159
Sicherheit und Politik ... 165
Überlebenschancen ... 171
Rote Linien in der Ukraine und anderswo ... 177
Edward J. Snowden, der meistgesuchte Verbrecher der Welt ... 183
Holzhammermethoden ... 187
Horror in Gaza ... 193
Epilog: Die Eule der Minerva –
ISIS und die Realität der Gegenwart ... 199

Vorwärts in den Abgrund

5. Dezember 2011

In Durban finden gerade Verhandlungen zur Klimarahmenkonvention der Vereinten Nationen statt. Bereits beschlossene politische Maßnahmen, die begrenzt waren und auch nur teilweise umgesetzt wurden, sollen ausgeweitet werden.

Diese Maßnahmen gehen auf die Konvention aus dem Jahr 1992 und auf das Kyoto-Protokoll von 1997 zurück, dem die USA nicht beigetreten waren. Der erste Verpflichtungszeitraum des Kyoto-Protokolls läuft 2012 aus. Eine Schlagzeile der *New York Times* trifft die Stimmung vor den Verhandlungen in Durban: »Dringende Probleme, aber geringe Erwartungen«.

Während die Delegierten in Durban tagen, gaben der *Council of Foreign Relations* und das *Program on International Policy Attitudes* (PIPA) eine Zusammenfassung von neueren Umfragen heraus, die ergeben, dass »die öffentliche Meinung auf der ganzen Welt und in den Vereinigten Staaten von der Regierung verlangt, dass sie der Klimaerwärmung einen höheren Stellenwert einräumt und multilaterale Maßnahmen gegen die Klimaerwärmung mit Nachdruck unterstützt.« Die meisten US-Amerikaner stimmen dem zu, obwohl das PIPA einräumt, dass »diese Zustimmung in den letzten Jahren gesunken ist, und dass die Amerikaner sich mit 70 Prozent Zustimmung deutlich weniger Sorgen über die Klimaerwärmung machen als die Weltbevölkerung mit 84 Prozent Zustimmung. Die amerikanische Bevölkerung hat nicht erkannt, dass unter Wissenschaftlern ein Konsens darüber besteht, dass sofortige Maßnahmen gegen den Klimawandel dringend nötig sind … Eine große Mehrheit ist der Ansicht, dass der Klimawandel sie schließlich persönlich beeinträchtigen wird, doch nur eine Minderheit glaubt, dass sie jetzt schon betroffen ist – im Gegensatz zur öffentlichen Meinung in den meisten anderen Ländern. Amerikaner neigen dazu, die Sorgen ihrer Mitbürger zu unterschätzen.«

Diese Meinungen sind kein Zufall. Im Jahr 2009 begann die Energiebranche mit Unterstützung verschiedener Wirtschaftslobbyorganisationen mehrere große Kampagnen gegen den nahezu einhelligen Konsens in der Wissenschaft, dass die von Menschen verursachte Klimaerwärmung eine ernste Bedrohung darstellt.

Dieser Konsens ist nur deshalb »nahezu einhellig«, weil er von zahlreichen Experten nicht geteilt wird, die die Ansicht vertreten, dass die Warnungen über den Klimawandel unzureichend sind. Außerdem gibt es eine kleine Gruppe von Wissenschaftlern, die bestreiten, dass es überhaupt eine Bedrohung gibt.

Die Medien halten sich in der Frage an ihre übliche »Ausgewogenheit« und bringen »Argumente beider Seiten«: Die eine Seite ist die überragende Mehrheit der Wissenschaftler, die andere Seite sind die Leugner. Wissenschaftler, die noch viel drastischere Warnungen aussprechen werden weitgehend ignoriert.

Eine Folge davon ist, dass im Gegensatz zur weltweiten öffentlichen Meinung und im krassen Widerspruch zu den Tatsachen nur ein Drittel der US-amerikanischen Bevölkerung glaubt, dass in der Wissenschaft ein Konsens über die Gefahren der Klimaerwärmung besteht.

Es ist allgemein bekannt, dass die US-amerikanische Regierung in Bezug auf das Klimaproblem im Rückstand ist. PIPA schreibt: »Die öffentliche Meinung auf der ganzen Welt missbilligt die Klimapolitik der Vereinigten Staaten weitgehend ... Die USA gelten weithin als das Land mit den schlimmsten Auswirkungen auf die globale Umwelt; an zweiter Stelle steht China. Am positivsten wird Deutschland gesehen.«

Um weltweiten Ereignissen eine Perspektive zu geben, hilft es beizeiten, sich in intelligente außerirdische Beobachter hineinzuversetzen, welche die seltsamen Vorgänge auf der Erde beobachten. Die würden sich wundern, warum das reichste und mächtigste Land in der Geschichte der Menschen diese jetzt wie Lemminge fröhlich in den Abgrund führt.

Letzten Monat gab die Internationale Energieagentur (IEA), die 1974 auf Initiative des US-Außenministers Henry Kissinger gegründet worden war, einen aktuellen Bericht über den raschen Anstieg der Kohlendioxid-Emissionen aufgrund des Verbrauches von fossilen Brennstoffen heraus.

Die IEA schätzt, dass das »Kohlendioxid-Budget« der Welt im Jahr 2017 aufgebraucht sein wird, wenn es so weiter geht wie bisher. Dieses »Budget« ist die Emissionsmenge, bei der die Klimaerwärmung höchstens zwei Grad Celsius betragen würde, was als sicherer Grenzwert gilt.

Fatih Birol, der leitende Wirtschaftsexperte der IEA, sagte: »Unsere Zeit läuft ab ... Wenn wir unseren Energieverbrauch nicht jetzt neu ausrichten, werden wir die maximalen Grenzwerte überschreiten, die laut den Wissenschaftlern als sicher gelten. Und dann gibt es kein Zurück.«

Das Energieministerium der USA brachte ebenfalls letzten Monat Emissionswerte für das Jahr 2010 heraus. Die *Associated Press* (AP) berichtete, dass die Treibhausgas-Emissionswerte »einen Rekordanstieg verzeichneten«; das bedeute, dass »die Treibhausgaswerte den schlimmsten Fall überschreiten«, den der Weltklimarat (IPCC) 2007 angenommen hatte.

John Reilly, Leiter des Klimawandel-Programms des Massachusetts Institute of Technology (MIT), sagte laut AP, dass die Wissenschaftler die Voraussagen des IPCC durchgängig für zu vorsichtig halten – im Gegensatz zu den Leugnern und Extremisten, die im Rampenlicht stehen. Reilly erklärte, dass das Worst-Case-Szenario des IPCC ungefähr den Mittelwert dessen darstellt, was die Wissenschaftler des MIT für wahrscheinlich halten.

Als diese bedrohlichen Szenarien an die Wand gemalt wurden, brachte die *Financial Times* einen ganzseitigen Artikel, der die optimistische Hoffnung zum Ausdruck bringt, dass die USA sich für ein ganzes Jahrhundert von Treibstoffimporten unabhängig machen könnten – mittels neuer Techniken zur Förderung fossiler Energieträger in Nordamerika selbst.

Diese Prognosen seien zwar ungewiss, berichtet die *Financial Times*, doch die USA könnten »Saudi-Arabien und Russland überspringen und zum weltgrößten Hersteller flüssiger Kohlenwasserstoffe – sowohl Rohöl als auch leichtere Flüssiggase – werden.«

Angenommen, dieser Glücksfall tritt ein, könnten die USA auch ihre weltweite Vormachtstellung erhalten. Die *Financial Times* verlor – außer einigen Bemerkungen über lokale Auswirkungen für die Umwelt – kein Wort darüber, was die Welt bei diesen großartigen Aussichten zu erwarten hätte. Brennstoffe sind zum Verbrennen da. Was schert uns das Weltklima?

Fast jede Regierung unternimmt wenigstens vorsichtige Schritte gegen die Katastrophe, die uns wahrscheinlich bevorsteht. Die USA haben die Führung übernommen – aber in die entgegengesetzte Richtung. Das Repräsentantenhaus, in dem die Republikaner dominieren, ist gerade dabei, die Umweltmaßnahmen abzubauen, die Richard Nixon eingeführt hatte, der in gewisser Weise der letzte »liberale« Präsident war.

Diese reaktionären Maßnahmen sind nur eines von vielen Anzeichen der Demokratiekrise, in der sich die USA seit einer Generation befinden. Die Kluft zwischen der öffentlichen Meinung und der staatlichen Politik hat sich in zentralen Fragen der politischen Debatte – darunter das Budgetdefizit und Arbeitsplätze – zu einem breiten Abgrund ausgeweitet. Dank einer Propagandaoffensive ist diese Kluft jedoch in der Frage, die derzeit das größte Problem der ganzen Welt und wohl das größte Problem in der Geschichte der Menschheit ist, nicht so breit.

Man müsste es den hypothetischen außerirdischen Beobachtern schon nachsehen, wenn sie zu dem Schluss kämen, dass wir irgendeinem tödlichen Wahn anheimgefallen sind.

Menschen und Unpersonen

5. Januar 2012

Am 15. Juni 2011, drei Monate nachdem die NATO begann, Libyen zu bombardieren, unterbreitete die Afrikanische Union (AU) dem UNO-Sicherheitsrat die afrikanische Position zu dem Angriff, der in Wirklichkeit ein Bombenangriff der traditionellen imperialistischen Aggressoren war – Frankreich und Großbritannien, unterstützt von den USA, die ursprünglich den Überfall koordinierten, sowie am Rande einige weitere Länder.

Es ist daran zu erinnern, dass es zwei Interventionen gab: Die erste war die Forderung nach einer sogenannten Flugverbotszone, einem Waffenstillstand und Maßnahmen zum Schutz der Zivilbevölkerung – das war die Resolution 1973 des UNO-Sicherheitsrates vom 17. März 2011. Nach einem kurzen Augenblick wurde diese Intervention beiseite geschoben und das imperialistische Trio schloss sich den Aufständischen an, denen es als Luftwaffe diente.

Zu Beginn der Bombenangriffe rief die Afrikanische Union zu Diplomatie und Verhandlungen auf, um eine humanitäre Katastrophe in Libyen abzuwenden. Innerhalb eines Monats schlossen sich die BRICS-Staaten (Brasilien, Russland, Indien, China und Südafrika) und andere Länder diesem Aufruf an, darunter die Türkei, Regionalmacht und NATO-Mitglied.

Das imperialistische Trio war bei seinen Angriffen in Wirklichkeit ziemlich isoliert. Sie bombardierten nun einen launischen Tyrannen, den sie eben noch unterstützt hatten, als es ihnen zum Vorteil gereicht hatte. Sie hofften auf ein Regime, das westlichen Forderungen nach Kontrolle über die reichen Bodenschätze Libyens zugänglicher wäre, und das dem Afrikanischen Kommando der USA (AFRICOM) einen

Stützpunkt in Afrika anbieten würde; derzeit muss sich AFRICOM nämlich mit Stuttgart begnügen.

Ob die relativ friedlichen Maßnahmen entsprechend der UNO-Resolution 1973, die von fast allen Ländern der Welt unterstützt wurde, die schrecklichen Verluste an Menschenleben und die Zerstörung von Libyen verhindert hätten, kann man nicht wissen.

Am 15. Juni teilte die AU dem Sicherheitsrat mit, dass es »selbstherrlich, arrogant und provokant war, die AU drei Monate lang zu ignorieren und das heilige Land Afrika weiterhin zu bombardieren«. Die AU legte außerdem einen Plan für Verhandlungen und für die Stationierung von AU-Überwachungstruppen in Libyen vor, flankiert von Maßnahmen zur Versöhnung, doch alles umsonst.

Der Appell der AU an den Sicherheitsrat legte auch den Hintergrund ihrer Anliegen dar: »Souveränität war und ist ein Werkzeug für die Befreiung der Völker Afrikas, die sich in den meisten afrikanischen Ländern nach Jahrhunderten der Ausplünderung durch Sklavenhandel, Kolonialismus und Neokolonialismus Wege der Veränderung bahnen. Fahrlässige Angriffe gegen die Souveränität afrikanischer Länder kommen also neuen Wunden im Schicksal der afrikanischen Völker gleich.«

Den afrikanischen Appell kann man in der indischen Zeitschrift *Frontline* nachlesen, doch im Westen hörte man praktisch nichts von ihm. Das ist nicht verwunderlich, denn Afrikaner sind »Unpersonen«, wenn man den Begriff von George Orwell heranzieht, der so Menschen bezeichnete, denen es nicht zustehe, in die Geschichte einzugehen.

Am 12. März erlangte die Arabische Liga den Status einer »Person«, da sie die UNO-Resolution 1973 unterstützte, doch dieser Status geriet bald darauf wieder in Zweifel, als sie die Bombenangriffe des Westens, die darauf folgten, nicht unterstützte.

Und am 10. April wurde die Arabische Liga wieder zur Unperson heruntergestuft, da sie die UNO aufforderte, auch für den Gazastreifen eine Flugverbotszone einzurichten und die israelische Belagerung aufzuheben – diese Forderungen wurden praktisch ignoriert.

Auch das ist völlig logisch. Palästinenser sind geradezu beispielhafte Unpersonen. Ein Beispiel lieferte die November-Nummer der Zeitschrift *Foreign Affairs* 2011, deren Aufmacher aus zwei Artikeln über den Konflikt zwischen Israel und Palästina bestand.

Der eine stammte aus der Feder von Yosef Kuperwasser und Shalom Lipner, zweier Vertreter des Staates Israel. Sie machen die Palästinenser dafür verantwortlich, dass der Konflikt weiterhin andauert, da diese sich weigerten, Israel als jüdischen Staat anzuerkennen (was diplomatischen Gepflogenheiten entspricht: Man anerkennt Staaten, aber nicht die Privilegien einzelner Bevölkerungsgruppen, die in ihnen leben).

Den anderen schrieb der amerikanische Politikwissenschaftler Ronald R. Krebs, der das Problem in der israelischen Besatzung sieht. Sein Artikel trägt den Untertitel: »Wie die Besatzung die Nation zerstört.« Welche Nation? Natürlich Israel, das daran leidet, auf Unpersonen herumzutrampeln.

Ein weiteres Beispiel: Im Oktober 2011 verkündeten die Schlagzeilen die Freilassung von Gilad Schalit, des israelischen Soldaten, der von der Hamas gefangengenommen worden war. Das *New York Times Magazine* brachte einen Artikel darüber, was seine Familie durchgemacht hatte. Schalit wurde im Austausch gegen hunderte Unpersonen freigelassen, über die man nichts erfuhr, abgesehen von einer nüchternen Erörterung, ob deren Freilassung Israel schaden könnte.

Über Hunderte weitere Palästinenser, die zum Teil schon seit langer Zeit sowie ohne Anklage oder Prozess in israelischen Gefängnissen sitzen, erfuhr man nichts.

Unter den Gefangenen, die nicht erwähnt wurden, sind die Brüder Osama und Mustafa Abu Muamar, Zivilisten, die vom israelischen Militär während des Angriffes auf Gaza am 24. Juni 2006 entführt worden waren – einen Tag, bevor Schalit gefangen genommen wurde. Die beiden Brüder »verschwanden« dann in israelischen Gefängnissen.

Von der Gefangennahme eines Soldaten einer angreifenden Armee mag man halten, was man will, doch die Entführung von Zivilisten ist eindeutig ein weitaus schwerwiegenderes Verbrechen – außer es handelt sich nur um Unpersonen. Das versteht sich von selbst.

Diese Verbrechen sind natürlich nicht mit vielen anderen zu vergleichen, darunter die verschärften Angriffe gegen die Beduinen, die israelische Staatsbürger sind und in der Wüste Negev im Süden Israels leben.

Israel hatte sie schon einmal vertrieben, und nun sollen nach einem neuen Programm dutzende Beduinendörfer zerstört und die Bewohner ein zweites Mal vertrieben werden. Das geschieht natürlich in lobenswerter Absicht.

Das israelische Kabinett erklärte, dass an ihrer Stelle zehn jüdische Siedlungen errichtet würden, »um eine neue Bevölkerung im Negev anzuziehen«, d. h. Unpersonen sollten durch richtige Menschen ersetzt werden. Da kann wohl niemand etwas dagegen haben.

Diese eigenartigen Unpersonen findet man überall, auch in den USA: in den Gefängnissen (die ein weltweiter Skandal sind), in den Suppenküchen, in den Slums …

Beispiele sind jedoch irreführend. Die Bevölkerung dieser Welt steht als Ganzes am Rand eines tiefschwarzen Abgrundes.

Daran wird man täglich gemahnt, und oft nur von kleinen Begebenheiten, zum Beispiel als letzten Monat die Republikaner im US-Repräsentantenhaus eine praktisch kostenfreie Umstrukturierung verhinderten, mit der die extremen Wetterereignisse des Jahres 2011 untersucht und bessere Vorhersagen ermöglicht worden wären.

Die Republikaner fürchteten, dass dies ein Einfallstor für »Propaganda« über die Klimaerwärmung gewesen wäre. Und Klimaerwärmung ist nach den Glaubenssätzen, welche die Kandidaten der Republikaner (die einst eine richtige politische Partei waren) herunterbeten, ein »Unproblem«.

Arme, traurige Menschheit.

Jahrestage aus der Ungeschichte

4. Februar 2012

George Orwell hat den hilfreichen Begriff der »Unperson« erfunden, für Wesen, denen die Menschlichkeit abgesprochen wird, weil sie sich nicht an die Staatsdoktrin halten. Dem könnten wir den Begriff der »Ungeschichte« hinzufügen, um das Schicksal der Unpersonen zu beschreiben, die aus ähnlichen Gründen aus der Geschichte getilgt werden. Ein gutes Beispiel für den Umgang mit der Ungeschichte der Unpersonen sind Jahrestage. Wichtige Jahrestage werden meist mit der gebotenen Feierlichkeit begangen, wie zum Beispiel der Angriff auf Pearl Harbor. Andere Jahrestage werden nicht beachtet, und wir können viel über uns selbst lernen, wenn wir sie aus der Ungeschichte herausholen.

Gerade eben wird ein wichtiges Ereignis ignoriert, das eine große Bedeutung für die Menschen hatte: der fünfzigste Jahrestag der Entscheidung von Präsident Kennedy, eine direkte Invasion in Südvietnam zu beginnen, die sich rasch zum schlimmsten Verbrechen eines Angriffskrieges seit dem Zweiten Weltkrieg entwickeln sollte.

Kennedy befahl der US-amerikanischen Luftwaffe, Südvietnam zu bombardieren. (Bis Februar 1962 wurden hunderte Einsätze geflogen.) Er genehmigte den Einsatz von Chemiewaffen gegen Nahrungsmittelanbauflächen, um die aufständische Bevölkerung auszuhungern. Und er begann Umsiedlungsprogramme, mit denen schließlich Millionen von Dorfbewohnern in städtische Slums und in »Wehrdörfer« (*"strategic hamlets"*) umgesiedelt wurden, die in Wirklichkeit Konzentrationslager waren. Dort sollten die Bauern vor den einheimischen Partisanen »beschützt« werden. Die Regierung wusste natürlich, dass die Bauern die Kämpfer unterstützten.

Die Regierung versuchte kaum, die Angriffe zu rechtfertigen, und wenn doch, dann mit irgendwelchen Erfindungen.

Ein typisches Beispiel ist die leidenschaftliche Rede, die Präsident John F. Kennedy am 27. April 1961 vor der American Newspaper Publishers Association hielt, bei der davor warnte, dass »wir auf der ganzen Welt mit einer monolithischen und rücksichtlosen Verschwörung konfrontiert sind, die ihren Einfluss vor allem mit verdeckten Mitteln ausweitet.« Am 25. September 1961 sagte er bei einer Rede vor den Vereinten Nationen, dass es keine Zurückhaltung mehr gebe, wenn diese Verschwörung in Laos und in Vietnam ihre Ziele erreicht.

Die unmittelbaren Folgen kann man bei dem renommierten Indochina-Experten und Militärhistoriker Bernard B. Fall nachlesen, der gewiss kein Kriegsgegner war, dem die Menschen in jenen gemarterten Ländern aber nicht gleichgültig waren.

Anfang 1965 schätzte er, dass von 1957 bis 1961 etwa 66 000 Menschen in Südvietnam getötet worden waren, und von 1961 bis April 1965 weitere 89 000, die meisten von ihnen Opfer des Marionettenregimes der USA oder »der erdrückenden Übermacht der USA: Waffen, Napalm, Düsenbomber und schließlich das Kampfgas Adamsit«.

Die Entscheidungen wurden geheim gehalten, und ebenso die schrecklichen und dauerhaften Folgen. Nur ein Beispiel: *Scorched Earth* (»Verbrannte Erde«) von Fred A. Wilcox war die erste ernsthafte Studie über den Einsatz von Chemiewaffen in Vietnam. Das Buch erschien vor einigen Monaten und wird wohl unter der Rubrik »Ungeschichte« ad acta gelegt werden. Geschichte ist im Wesentlichen das, was geschehen ist. Ungeschichte ist im Wesentlichen, das Geschehene verschwinden zu lassen.

1967 nahmen die Proteste gegen die Verbrechen in Südvietnam ein erhebliches Ausmaß an.

Hunderttausende US-Soldaten wüteten in Südvietnam und dicht besiedelte Gebiete wurden dicht bombardiert. Die Invasion wurde über ganz Indochina ausgeweitet.

Die Folgen waren so grauenhaft, dass Bernard B. Fall voraussagte, dass »Vietnam als kulturelles und historisches Gebilde ... von der Vernichtung bedroht ist, da ... das Land unter den Schlägen der größten Kriegsmaschinerie, die jemals auf ein so großes Gebiet losgelassen wurde, buchstäblich verendet.«

Als der Krieg nach acht weiteren verheerenden Jahren endete, war der Mainstream gespalten: Die Einen nannten ihn eine »gute Sache« und meinten, dass er mit größerem Engagement auch zu gewinnen gewesen wäre; für die Kritiker am anderen Ende des Spektrums war er »ein Fehler« gewesen, der sich zudem als kostspielig erwiesen hatte.

Dazu sollte noch die Bombardierung der Bauern im entlegenen Norden von Laos kommen, die ein solches Ausmaß erreichte, dass ihre Opfer noch Jahre später in Höhlen leben mussten und ums Überleben kämpften; und kurz danach kamen die Luftangriffe gegen die Landbevölkerung von Kambodscha, die schlimmer waren als alle Luftangriffe der Alliierten im Pazifik während des Zweiten Weltkrieges zusammengenommen.

1970 hatte Henry Kissinger, der Nationale Sicherheitsberater, »ein großangelegtes Bombardement gegen Kambodscha« befohlen, »Alles, was fliegt, gegen alles, was sich bewegt« – ein Aufruf zum Völkermord, wie man ihn nur selten in historischen Archiven findet.

Laos und Kambodscha waren »geheime Kriege«, d. h. die Berichterstattung über sie war spärlich und die Tatsachen sind der breiten Öffentlichkeit und sogar der gebildeten Elite kaum bekannt, obwohl diese jedes tatsächliche oder angebliche Verbrechen der offiziellen Feinde auswendig herbeten kann.

Ein weiteres Kapitel aus den prallen Annalen der Ungeschichte:

In drei Jahren werden wir einen weiteren Gedenktag anlässlich eines Ereignisses, das bis heute Bedeutung hat, begehen – oder auch nicht: den achthundertsten Jahrestag der Magna Carta.

Dieses Dokument bezeichnete die Historikerin Margaret E. McGuiness im Zusammenhang mit den Nürnberger Prozessen als Grundlage für einen »besonders amerikanischen Zweig des Rechtsverständnisses: bestraft wird nur jemand, dessen Schuld in einem gerechten Verfahren mit einer ganzen Palette von verfahrensrechtlichen Schutzbestimmungen nachgewiesen wurde.«

In der Magna Carta heißt es, dass man »keinen freien Mann« seiner Rechte berauben darf, außer »durch das gesetzliche Urteil von Seinesgleichen oder durch geltende Gesetze«. Diese Prinzipien wurden später auf alle ausgeweitet. Sie wurden über den atlantischen Ozean getragen und gingen in die Verfassung und in die Bill of Rights der USA ein, in der es heißt, dass keine »Person« ohne ordentliches und rasches Verfahren ihrer Rechte beraubt werden darf.

Natürlich bezog sich der Begriff »Person« für die Gründerväter nicht auf alle Menschen.

Die Ureinwohner von Amerika waren keine Personen. Sklaven ebenso wenig. Frauen zählten auch eher nicht dazu.

Aber konzentrieren wir uns auf den Grundbegriff der Unschuldsvermutung, der schon als Teil der Ungeschichte in Vergessenheit geraten ist.

Ein weiterer Schritt zur Aushöhlung der Grundsätze der Magna Carta erfolgte mit Obamas Unterzeichnung des National Defense Authorization Act, der die Praxis der unbefristeten Gefangenschaft in Militärgewahrsam ohne Gerichtsverfahren festschreibt, wie sie unter Bush und unter Obama gang und gäbe war.

Diese Praxis ist nun für Menschen, die beschuldigt werden, während des »Krieges gegen den Terror« feindliche Kräfte unterstützt zu haben, zwingend vorgeschrieben; handelt es sich bei den Beschuldigten um Staatsbürger der USA, so ist sie eine mögliche Option.

Wohin das führt, zeigt der erste Guantánamo-Fall, der unter Präsident Obama vor Gericht verhandelt wurde. Omar Khadr war ein ehemaliger Kindersoldat, dem das abscheuliche Verbrechen zur Last gelegt wurde, sein Dorf in Afghanistan zu verteidigen, als es von US-amerikanischen Truppen angegriffen wurde. Khadr geriet im Alter von fünfzehn Jahren in Gefangenschaft, war acht Jahre lang in Bagram und in Guantánamo inhaftiert und wurde im Oktober 2010 schließlich vor ein Kriegsgericht gestellt, das ihn vor die Wahl stellte, sich entweder nicht schuldig zu bekennen und den Rest seines Lebens in Guantánamo zu verbringen, oder sich schuldig zu bekennen und nur mehr weitere acht Jahre in Gefangenschaft zu bleiben. Khadr wählte Zweiteres.

Es gibt viele weitere Beispiele, die den Begriff des »Terroristen« verdeutlichen. Eines ist Nelson Mandela, der erst im Jahr 2008 von der Terrorliste gestrichen wurde. Ein anderes ist Saddam Hussein. 1982 wurde der Irak von der Liste der Terrorstaaten gestrichen, damit die Regierung von Ronald Reagan Saddam Hussein, der gerade in den Iran einmarschiert war, Unterstützung zukommen lassen konnte.

Die Anklage ist launisch, Rechtsmittel sind ausgeschlossen, und die Vorwürfe werden häufig von politischen Zielen getragen: Im Fall von Mandela ging es um Reagans Unterstützung für die Verbrechen des Apartheidregimes, das sich gegen »eine der berüchtigtsten Terrororganisationen« der Welt verteidigte – den African National Congress.

Zum Glück ist das alles Ungeschichte.

Was will der Iran?

1. März 2012

Die Zeitschrift *Foreign Affairs* brachte in ihrer Januar/Februar-Ausgabe 2012 einen Artikel von Matthew Kroenig mit dem Titel »Es ist Zeit für einen Angriff gegen den Iran. Warum ein Militärschlag das geringste Übel ist« (Time to Attack Iran: Why a Strike Is the Least Bad Option), und Kommentare zu anderen Wegen, die iranische Bedrohung einzudämmen.

In allen Medien läuten die Alarmglocken über einen wahrscheinlichen Angriff Israels gegen den Iran, während die USA zögern, sich die Option eines Angriffskrieges aber offen halten – und damit wieder einmal routinemäßig gegen die UNO-Charta, die Grundlage des Völkerrechtes, verstoßen.

Spannungen werden verschärft, und Erinnerungen an das Vorspiel zu den Kriegen gegen Afghanistan und gegen den Irak liegen in der Luft. Die Kriegstrommeln werden von der aufgeheizten Rhetorik der Vorwahlen in den USA untermalt.

Man sagt, die »internationale Gemeinschaft« – ein verklausulierter Ausdruck für die USA und ihre Verbündeten – mache sich Sorgen über die »unmittelbare Bedrohung«, die der Iran darstelle. Die einfache Bevölkerung der Welt sieht das jedoch ganz anders.

Die Blockfreien Staaten, eine Bewegung aus 120 Ländern, unterstützt mit Nachdruck das Recht des Iran, Uran anzureichern. Die Mehrheit der Amerikaner unterstützte dieses Recht nach einer Umfrage von *WorldPublicOpinion.org* ebenso – bis zur Propagandaschlacht der beiden letzten Jahre.

China und Russland sind gegen die Iran-Politik der USA. Das trifft auch für Indien zu. Indien hat erklärt, es würde die US-Sanktionen ignorieren und den Handel mit dem Iran ausweiten. Die Türkei verfolgt eine ähnliche Linie.

Die Europäer sehen Israel als die größte Bedrohung für den Weltfrieden. In der arabischen Welt ist der Iran unbeliebt, aber nur eine ganz kleine Minderheit sieht ihn als Bedrohung an. Vielmehr werden Israel und die USA als die herausragende Bedrohung gesehen. Eine Mehrheit ist der Ansicht, dass die Region sicherer wäre, hätte der Iran Atomwaffen: In Ägypten waren nach Umfragen der Brookings Institution und Zogby International am Vorabend des Arabischen Frühlings 90 Prozent der Bevölkerung dieser Meinung.

Westliche Berichterstatter machen viel Aufhebens darum, dass die arabischen Diktatoren angeblich die Position der USA gegenüber dem Iran unterstützen. Gleichzeitig ignorieren sie die Tatsache, dass die übergroße Mehrheit der Bevölkerung in den arabischen Ländern gegen diese Position ist. Das ist so entlarvend, dass sich jeglicher Kommentar erübrigt.

Sorgen über das Atomwaffenarsenal Israels äußern seit Langem auch einige Beobachter in den Vereinigten Staaten. General George Lee Butler, der ehemalige Vorsitzende des United States Strategic Command, bezeichnete die Atomwaffen Israels als »extrem gefährlich«. Oberstleutnant Warner D. Farr schrieb in einer Zeitschrift des US-Militärs, dass »ein Zweck der israelischen Atomwaffen, der nicht oft genannt wird, aber offensichtlich ist, in ihrem ›Einsatz‹ gegen die Vereinigten Staaten besteht« – wohl um sicherzustellen, dass die USA Israel beharrlich unterstützen.

Derzeit ist ernsthaft zu befürchten, dass Israel versucht, den Iran zu irgendeiner Aktion zu provozieren, welche die USA zu einem Angriff verleitet.

Zeev Maoz, ein führender israelischer Militärexperte, kommt in seinem Buch *Defending the Holy Land. A Critical Analysis of Israel's Security and Foreign Policy* zu dem Schluss, dass »die Bilanz der Atomwaffenpolitik Israels ausgesprochen negativ« und der Sicherheit des Staates abträglich ist. Er drängt stattdessen darauf, dass Israel ein regionales Abkommen für ein Verbot von Massenvernichtungswaffen anstreben sollte – eine massenvernichtungswaffenfreie Zone, wie sie die UNO-Vollversammlung in ihrer Resolution 1974 gefordert hat.

Die westlichen Sanktionen gegen den Iran haben derweil die üblichen Auswirkungen, darunter einen Mangel an Grundnahrungsmitteln – nicht für die herrschenden Mullahs, aber für die Bevölkerung. Daher ist es auch nicht verwunderlich, dass die mutigen iranischen Oppositionellen die Sanktionen ablehnen.

Die Sanktionen gegen den Iran könnten dieselben Folgen haben wie die Sanktionen gegen den Irak, die von hoch angesehenen UNO-Diplomaten, die diese Sanktionen umzusetzen hatten und schließlich aus Protest zurücktraten, als »Völkermord« bezeichnet wurden.

Die Sanktionen gegen den Irak hatten verheerende Folgen für die Bevölkerung und stärkten Saddam Hussein; wahrscheinlich bewahrten sie ihn vor dem Schicksal der umfangreichen Verbrecherkartei an Diktatoren, die von den USA und Großbritannien unterstützt wurden und florierten, bis sie von hausgemachten Meutereien gestürzt wurden.

Es gibt kaum glaubwürdige Erörterungen, worin die iranische Bedrohung denn eigentlich besteht, aber es gibt eine maßgebliche Antwort – vonseiten des Militärs und der Geheimdienste der USA. Diese haben vor dem Kongress klar dargelegt, dass der Iran keine militärische Bedrohung darstellt.

Der Iran hat sehr beschränkte militärische Einsatzkapazitäten und seine strategische Doktrin ist defensiv, sie soll so lange eine Abschreckung gegen eine Invasion darstellen, bis eine diplomatische Lösung greift. Falls der Iran Atomwaffen entwickelt (was noch nicht bewiesen ist), wären diese Teil seiner Abschreckungsstrategie.

Bruce Riedel, der dreißig Jahre lang für den CIA gearbeitet hat, drückte das Verständnis seriöser israelischer und US-amerikanischer Experten aus, als er im Januar sagte: »Wäre ich selbst mit der Planung für die nationale Sicherheit des Iran befasst, würde ich Atomwaffen haben wollen«, zur Abschreckung.

Ein weiterer Vorwurf des Westens gegen den Iran ist, dass dieser danach trachtet, seinen Einfluss in den Nachbarländern auszuweiten, die von den USA und Großbritannien angegriffen und besetzt wurden, und dass er dem Widerstand gegen den von den USA unterstützten Angriffskrieg Israels gegen den Libanon sowie die illegale israelische Besatzung palästinensischer Gebiete hilft. Das gilt – so wie die Abschreckung des Iran gegen mögliche Gewaltanwendung durch westliche Staaten – als eine Bedrohung der Weltordnung, die man nicht hinnehmen könne. Die Bevölkerung ist weltweit einer Meinung mit Maoz. Eine überwältigende Mehrheit unterstützt eine massenvernichtungswaffenfreie Zone im Nahen Osten, die den Iran, Israel und am besten auch die beiden anderen Atommächte umfassen würde, die sich weigern, dem Atomwaffensperrvertrag beizutreten: Indien und Pakistan, die – so wie Israel – ihre Atomwaffen mit Hilfe der USA entwickelt haben.

Bei der Atomwaffensperrvertrag-Überprüfungskonferenz im Mai 2010 fand diese Linie so große Unterstützung, dass Washington sich gezwungen sah zuzustimmen, aber folgende Bedingungen stellte: Die Zone solle erst zustande kommen, wenn eine umfassende Friedensregelung zwischen Israel und seinen arabischen Nachbarstaaten in Kraft tritt; das israelische Atomwaffenprogramm müsse von internationalen Inspektionen ausgenommen sein; und kein Land (gemeint sind die USA) dürfe gezwungen werden, Informationen über »israelische Atomanlagen und -aktivitäten sowie Informationen über die Weitergabe von Atomtechnologie und -material an Israel« preiszugeben.

Die Überprüfungskonferenz von 2010 rief zu einer Sitzung im Mai 2012 auf, auf der weitere Schritte zur Einrichtung einer solchen Zone beschlossen werden sollten.

In dem ganzen Aufruhr um den Iran interessiert sich kaum noch jemand für diese Möglichkeit, welche die konstruktivste Lösung für die verschiedenen Bedrohungen durch Atomwaffen in der Region wäre: für die »internationale Gemeinschaft« die Gefahr, dass der Iran zur Atommacht werden könnte; für den Großteil der Welt die Gefahr, die der einzige Staat in der Region darstellt, der über Atomwaffen verfügt und eine lange Reihe von Angriffskriegen begangen hat, unter dem Schutz einer Supermacht.

Dass die USA und Großbritannien eine besondere Verantwortung für dieses Ziel haben, wird nie erwähnt. Um ihrer Invasion des Irak einen Anstrich von Legalität zu verleihen, beriefen sich diese beiden Mächte auf die Resolution 687 des UNO-Sicherheitsrates von 1991 und behaupteten, der Irak entwickle Massenvernichtungswaffen und verstoße somit gegen diese Resolution.

Diese Behauptung könnte man ja ignorieren, aber die Tatsache, dass die Resolution die Staaten auf die Einrichtung einer massenvernichtungswaffenfreien Zone im Nahen Osten verpflichtet, kann man nicht einfach übergehen.

Bildungsabbau

3. April 2012

Bildungsabbau findet derzeit auf der ganzen Welt statt, und in letzter Zeit haben in Großbritannien, Kanada, Chile, Taiwan und anderswo Schüler und Studenten dagegen protestiert.

Auch Kalifornien ist Schauplatz solcher Auseinandersetzungen. Die *Los Angeles Times* berichtet über ein weiteres Kapitel in der Kampagne zur Zerstörung des einst weltweit besten staatlichen Hochschulwesens: »Vertreter der California State University kündigten Pläne an, kommendes Frühjahr an den meisten Standorten Aufnahmebeschränkungen einzuführen und alle Studienbewerber für den kommenden Herbst auf Wartelisten zu setzen, bis bei der Abstimmung im November eine Entscheidung über eine Vorlage zur Steuergesetzgebung getroffen wird.«

Ähnliche Kürzungen sind im ganzen Land geplant. »In den meisten Bundesstaaten«, schreibt die *New York Times*, »speist sich das Budget nun vor allem aus Studiengebühren, nicht aus staatlichen Mitteln«, und »das Zeitalter der leistbaren vierjährigen Bildung an staatlichen Universitäten, die stark subventioniert wurden, ist wohl vorbei.«

Auch kleine lokale Colleges sind immer stärker mit ähnlichen Aussichten konfrontiert, und der Geldmangel betrifft nun sogar Mittel- und Grundschulen.

»Es hat ein Meinungsumschwung stattgefunden: Früher war man der Ansicht, dass die ganze Nation von Hochschulbildung profitiert, doch nun meint man, dass vor allem die Menschen, die in den Genuss dieser Bildung kommen, davon profitieren und deshalb auch dafür bezahlen sollten.« Zu diesem Schluss kommt Ronald G. Ehrenberg, ein Kurator des staatlichen Hochschulwesens von New York und Leiter des Cornell Higher Education Research Institute.

»Systemfehler« – so der Titel einer neuen Studie des *Economic Policy Institute* (EPI) – trifft es noch besser. Das EPI ist seit Langem eine wichtige und verlässliche Quelle für volkswirtschaftliche Daten und Analysen.

Seine Studie zeigt die Folgen des wirtschaftlichen Wandels auf – von heimischer Produktion hin zum Finanzmarkt-Kapitalismus und zur Verlagerung von Produktion ins Ausland. Das alles ist durchaus beabsichtigt, denn es gab immer auch andere Möglichkeiten.

Eine der wichtigsten Rechtfertigungen für diese Wahl ist das Mantra, dass »Märkte effiziente Ergebnisse erwirtschaften«. Der Nobelpreisträger Joseph Stiglitz nennt es eine Religion. Die Immobilienblase wurde aufgrund dieser Glaubensdoktrin ignoriert, und als sie schließlich platzte, was zur gegenwärtigen Krise des Finanzsektors führte, war dies ein schwerer Schlag für ihre Verfechter.

Es ist auch vom angeblichen Nutzen der radikalen Aufblähung der Banken seit den 1970er Jahren die Rede. Martin Wolf, der leitende Wirtschaftskorrespondent der *Financial Times*, liefert eine überzeugendere Darstellung: »Der Finanzsektor ist völlig außer Kontrolle geraten und frisst die moderne Marktwirtschaft von Innen auf wie die Larve einer Wegwespe, die ihren Wirt auffrisst.«

Die Studie des EPI zeigt auf, dass der »Systemfehler« einen Klassenhintergrund hat: Den Systemgestaltern brachte er phänomenalen Erfolg, wie die verblüffende Konzentration des Wohlstandes in den Händen des 1 Prozent – oder vielmehr der 0,1 Prozent – an der Spitze der Gesellschaft zeigt, während der Rest der Bevölkerung praktisch der Stagnation oder dem Abstieg preisgegeben wurde.

Kurzum: Wenn sie die Gelegenheit dazu haben, folgen die »Herren der Welt« ihrem »abscheulichen Leitsatz: Alles für uns selbst und nichts für andere Menschen«, wie Adam Smith vor langer Zeit schrieb.

Das öffentliche Bildungswesen für breite Schichten der

Bevölkerung ist eine der größten Errungenschaften der amerikanischen Gesellschaft. Es hatte viele Dimensionen: Eines seiner Ziele war es, freie Bauern auf ein Leben als Lohnarbeiter vorzubereiten, die einen Zustand zu ertragen hatten, den sie eigentlich als Sklaverei betrachteten.

Dass da ein Element des Zwanges enthalten war, wurde durchaus wahrgenommen. Ralph Waldo Emerson bemerkte, dass die politische Führungsschicht aus Angst ein Bildungswesen für die Massen forderte: »Unser Land füllt sich mit Tausenden und Millionen Wählern; man muss sie bilden, damit sie uns nicht an die Gurgel springen.« Natürlich musste man sie auf die rechte Art und Weise bilden: ihre Perspektiven und ihr Verständnis einschränken, freies und unabhängiges Denken verhindern und sie zum Gehorsam anleiten.

Der »abscheuliche Leitsatz« und seine Umsetzung haben immer wieder Widerstand hervorgerufen, der unter der Oberschicht wiederum immer wieder dieselbe Furcht erzeugte. Vor vierzig Jahren machte sie sich große Sorgen, dass die Bevölkerung aus ihrer Apathie erwachen und aus ihrem Gehorsam ausbrechen könnte.

Die Trilaterale Kommission – eine private Politik-Beratergruppe am liberalen und internationalistischen Ende des politischen Spektrums, aus der sich die Regierung von Präsident Carter rekrutierte – warnte im Jahr 1975 eindringlich, dass es zu viel Demokratie gab, was unter anderem auf das Versagen der Institutionen zurückzuführen sei, die für »die Indoktrinierung der Jugend« zuständig sind. Lewis Powell – vom rechten Ende des Spektrums – richtete 1971 ein wichtiges Memorandum an die Handelskammer der USA, die bedeutendste Unternehmerlobby, in dem er klagte, dass die Linken alles übernahmen: Universitäten, Medien, die Regierung usw., und er rief die Unternehmer dazu auf, ihre wirtschaftliche Macht einzusetzen, um diesen Angriff auf unseren hoch geschätzten Lebensstil (den er gut kannte) abzuwehren. Als Lobbyist für die Tabakindustrie wusste er ganz gut, wie der Staat die Reichen hätschelte, die dieses System »freien Markt« nannten.

Seit den 1970er Jahren wurde eine Reihe von Maßnahmen ergriffen, um die Disziplin wiederherzustellen. Eine davon ist der Kreuzzug für Privatisierungen, um die Kontrolle in verlässliche Hände zu legen.

Eine weitere sind drastische Erhöhungen von Studiengebühren: seit 1980 um fast 600 Prozent. Das Ergebnis ist ein Hochschulwesen, das laut Jane Wellman, der ehemaligen Leiterin des Delta Cost Project, das sich mit solchen Problemen befasst, »stärker nach Einkommen gegliedert ist als in jedem anderen Land«. Die höheren Studiengebühren sind eine Falle für Studenten, die sich langfristig verschulden und somit unter der Macht der Privatwirtschaft gefangen sind.

Das wird mit wirtschaftlichen Argumenten gerechtfertigt, die alles andere als überzeugend sind. Sowohl in reichen wie in armen Ländern – darunter Mexiko, unserem Nachbarland – ist Bildung gratis oder die Studiengebühren sind rein symbolisch. Auch in den USA war dies der Fall, als das Land unmittelbar nach dem Zweiten Weltkrieg noch viel ärmer war und eine gewaltige Anzahl von Studierenden nach dem GI-Gesetz Hochschulen besuchen konnte. Das war ein wichtiger Faktor für das einmalig hohe Wirtschaftswachstum jener Zeit, ganz abgesehen von der Verbesserung der Lebensqualität.

Eine weitere Maßnahme ist die Privatisierung der Universitäten. Diese hat zu einem drastischen Anwachsen der Bürokratie geführt, die meist nicht mehr aus dem Lehrkörper, sondern aus gesondert dafür angestelltem Personal gebildet wird, und zur Einführung einer Unternehmenskultur der »Effizienz«, die nicht nur eine wirtschaftliche, sondern eine weltanschauliche Vorstellung ist.

Ein Beispiel dafür: Die staatlichen Colleges beschlossen, ihre Studiengänge für Krankenpfleger, Ingenieure und Informatiker zu streichen, weil sie zu teuer seien; es handelt es sich um Berufe, in denen ein Mangel an Arbeitskräften herrscht, wie die *New York Times* berichtet. Diese Entscheidung schadet der Gesellschaft, entspricht aber der Unternehmerideologie kurzfristiger Gewinne ohne Rücksicht auf die Folgen für die Menschen – ganz nach dem »abscheulichen Leitsatz«.

Das wirkt sich besonders tückisch auf die Lehre und Qualitätskontrolle aus. Das Bildungsideal der Aufklärung war die Metapher eines Fadens, dem die Studenten jeweils auf ihre Art und Weise folgen und dabei Kreativität und unabhängiges Denken entwickeln konnten.

Die andere Methode – die abzulehnen ist – ist die Metapher von Wasser, das man in ein Gefäß schüttet, in ein recht undichtes Gefäß, wie wir alle aus eigener Erfahrung wissen. Dieser Ansatz umfasst das Lehren und Lernen für Prüfungen und andere Methoden, die das Interesse der Schüler und Studenten zerstört, damit sie besser in eine Form passen und besser zu kontrollieren sind. All das ist heute sattsam bekannt.

Cartagena: Nicht nur ein Geheimdienstskandal

1. Mai 2012

Der Gesamtamerikanische Gipfel letzten Monat in der kolumbianischen Stadt Cartagena ist zwar gegenüber dem Geheimdienstskandal in den Hintergrund gerückt, war aber ein Ereignis von erheblicher Bedeutung. Die drei wichtigsten Gründe dafür: Kuba, der Drogenkrieg und die Isolierung der Vereinigten Staaten.

Die Schlagzeile des *Jamaica Observer* lautete: »Gipfel zeigt, wie Yankee-Einfluss sinkt«. Im Leitartikel hieß es: »Die wichtigsten Punkte auf der Tagesordnung waren der gewinnbringende und zerstörerische Handel mit Drogen und warum alle Länder der Region zusammentreffen, mit einer Ausnahme: Kuba.«

Der Gipfel endete ergebnislos, da die USA gegen diese zwei Punkte waren: Drogenfreigabe und Kuba. Die Verweigerungshaltung der USA könnte durchaus dazu führen, dass die Organisation Amerikanischer Staaten (OEA/OAS) von der neu gegründeten Gemeinschaft Lateinamerikanischer und Karibischer Staaten (CELAC) – an der die Vereinigten Staaten und Kanada nicht beteiligt sind – abgelöst wird.

Kuba war darauf eingegangen, dem Gipfeltreffen fernzubleiben, weil Washington es andernfalls boykottiert hätte. Bei den Treffen kam jedoch deutlich heraus, dass die harte Haltung der USA nicht weiter akzeptiert würde. Nur die USA und Kuba wollten eine Teilnahme Kubas verhindern, mit dem Argument, dass Kuba gegen demokratische Prinzipien und gegen Menschenrechte verstoße.

Die Menschen in Lateinamerika haben zahlreiche Beispiele erlebt, an denen sie diese Vorwürfe messen können. Sie wissen ganz genau, wie die USA es mit den Menschenrechten halten. Insbesondere Kuba hat an US-amerikanischen Terroranschlägen und wirtschaftlicher Erdrosselung als Strafe für seine Unabhängigkeit gelitten und hat erfolgreich Widerstand gegen eine Politik der USA geleistet, die auf die Monroe-Doktrin aus dem Jahr 1823 zurückgeht.

Die Menschen in Lateinamerika müssen nicht die Werke von Wissenschaftlern aus den USA lesen, um zu begreifen, dass Washington Demokratie dann – und nur dann – unterstützt, wenn sie mit ihren strategischen und wirtschaftlichen Zielen kompatibel ist, und selbst in diesem Fall bevorzugen die USA »begrenzte Reformen von oben, die nicht Gefahr laufen, die überkommenen Machtstrukturen der recht undemokratischen Gesellschaften, mit denen die Vereinigten Staaten seit Langem verbündet sind, zu beeinträchtigen«, wie der Neo-Reagan-Anhänger Thomas Carothers aufzeigt.

Auf dem Gipfel in Cartagena wurde der Drogenkrieg auf Initiative von General Pérez Molina, des neu gewählten Präsidenten von Guatemala, zu einer Schlüsselfrage; und Molina ist wahrlich kein zartbesaiteter linker Gutmensch. Der Gastgeber des Gipfels, der kolumbianische Präsident Juan Manuel Santos, und mehrere andere unterstützten ihn.

Das Problem ist nicht neu. Vor drei Jahren gab die Lateinamerikanische Kommission zu Drogen und Demokratie einen Bericht des ehemaligen brasilianischen Präsidenten Fernando Henrique Cardoso, des ehemaligen mexikanischen Präsidenten Ernesto Zedillo und des ehemaligen kolumbianischen Präsidenten César Gaviria heraus, in dem sie für eine Entkriminalisierung von Marihuana und für die Einstufung von Drogenkonsum als gesundheitliches Problem eintreten.

Zahlreiche Forschungsprojekte, darunter eine viel zitierte Studie der Rand Corporation aus dem Jahr 1994, haben ergeben, dass Vorbeugung und Behandlung viel kostengünstiger sind als die Zwangsmaßnahmen, die derzeit den Großteil des Anti-Drogen-Budgets verschlingen. Gesundheitliche Maßnahmen sind natürlich auch viel menschlicher als polizeiliche.

Und die Erfahrung bestätigt diese Ergebnisse. Die bei weitem tödlichste Substanz ist Tabak, der durch das Passivrauchen auch zahlreiche Menschen tötet, die ihn nicht direkt konsumieren. Unter den gebildeteren Schichten ist der Gebrauch stark zurückgegangen, und zwar nicht durch Kriminalisierung, sondern durch Veränderungen der Lebensgewohnheiten.

Ein Land – Portugal – hat im Jahr 2001 alle Drogen entkriminalisiert. Sie sind zwar immer noch illegal, gelten aber als Verwaltungsdelikte, d. h. sie fallen nicht mehr unter das Strafrecht. Glenn Greenwald kommt in einer Studie für das Cato Institute zu dem Schluss, dass die Entkriminalisierung »ein durchschlagender Erfolg war. Die Lehren aus diesem Erfolg sind ganz offensichtlich und sollten maßgeblich für die Diskussionen über Drogenpolitik auf der ganzen Welt sein.«

Im krassen Gegensatz dazu hatten die Zwangsmaßnahmen des US-amerikanischen Krieges gegen die Drogen, der seit vierzig Jahren andauert, praktisch keine Auswirkungen auf den Drogengebrauch oder die Drogenpreise in den USA; gleichzeitig hat er jedoch den ganzen Kontinent verwüstet. Das Problem besteht vor allem in den Vereinigten Staaten, nämlich sowohl die Nachfrage (nach Drogen) als auch das Angebot (an Waffen). Die unmittelbaren Opfer sind die Menschen in Lateinamerika, die unter entsetzlicher Gewalt und Korruption leiden, während sich die Sucht entlang der Schmuggelwege ausbreitet.

Wenn politische Maßnahmen viele Jahre lang unbeirrbar und beharrlich verfolgt werden, obwohl bekannt ist, dass sie das erklärte Ziel verfehlen, und wenn andere Maßnahmen, die wahrscheinlich viel wirksamer wären, systematisch ignoriert werden, stellt sich natürlich die Frage nach den Beweggründen dafür.

Eine Methode, die Antwort zu finden, ist es, nach den Folgen dieser Politik zu fragen. Diese liegen auf der Hand.

In Kolumbien war der Drogenkrieg immer schon ein fadenscheiniger Deckmantel für die Aufstandsbekämpfung. Das Ausbringen von Herbiziden – eine Form der chemischen Kriegführung – zerstört Nutzpflanzen sowie Artenvielfalt und trägt dazu bei, Millionen armer Bauern in städtische Elendsviertel zu vertreiben, so dass riesige Gebiete für den Bergbau, kommerzielle Landwirtschaft, Viehfarmen und andere Nutzungsweisen im Sinne der Mächtigen frei werden.

Weitere Nutznießer des Drogenkrieges sind die Banken, die gewaltige Geldmengen waschen. In Mexiko sind die großen Drogenkartelle an 80 Prozent der Produktionssektoren der ganzen Wirtschaft beteiligt. Ähnliche Entwicklungen gibt es auch in anderen Ländern.

In den USA sind die Opfer vor allem afro-amerikanische Männer, aber zunehmend auch Frauen und Hispano-Amerikaner – kurz gesagt jene Menschen, die durch die wirtschaftlichen Veränderungen, die in den 1970er Jahren durchgesetzt wurden (Aufblähung des Finanzsektors und Verlagerung der Produktion ins Ausland) überflüssig geworden sind.

Dank des äußerst selektiven Drogenkrieges werden die Angehörigen dieser Minderheiten in die Gefängnisse verfrachtet, und das ist der Hauptgrund für den extremen Anstieg der Zahl der Gefängnisinsassen seit den 1980er Jahren, die einen internationalen Skandal darstellt. Dieser Prozess ähnelt den »sozialen Säuberungen« in den Satellitenstaaten der USA in Lateinamerika, mit denen man »Unerwünschte« loswird.

Die Isolierung der USA bei dem Gipfel in Cartagena ist Teil einer umwälzenden Entwicklung der letzten zehn Jahre: Lateinamerika hat endlich begonnen, sich der Kontrolle der Großmächte zu entziehen und seine furchtbaren internen Probleme anzugehen.

Lateinamerika kann auf eine lange Tradition liberaler Rechtsprechung und Rebellion gegen aufgezwungene Herrscher zurückblicken. Der New Deal in den USA griff auf diese Tradition zurück. Nun werden die Menschen in Lateinamerika vielleicht einmal mehr eine Verbesserung der Menschenrechtslage in den Vereinigten Staaten anregen.

Die Verbrechen anderer

1. Juni 2012

Der Politikwissenschaftler James Peck bemerkt in seiner scharfsinnigen Studie *Ideal Illusions. How the U.S. Government Co-Opted Human Rights*: »In der gesamten Geschichte der Menschenrechte wurden die schlimmsten Verbrechen immer von anderen begangen, niemals von uns« – wer auch immer »wir« sein mögen.

Nahezu jeder Augenblick in der Geschichte bringt unzählige Beispiele dafür. Sehen wir uns einfach einige Ereignisse der letzten Wochen an.

Am 10. Mai wurde in Griechenland, der Wiege der antiken Spiele, das olympische Feuer für die Sommerspiele in London entzündet. Über ein anderes Ereignis wurde praktisch nicht berichtet: Einige Tage zuvor hatte die vietnamesische Regierung in einem Brief an das Internationale Olympische Komitee die »ernste Sorge der Regierung und des Volkes von Viet Nam über die Entscheidung [ausgedrückt], die Dow Chemical Company als weltweiten Sponsor der olympischen Bewegung zuzulassen.« Dow hatte jene Chemikalien geliefert, mit denen Washington ab 1961 Nutzpflanzen und Wälder in Südvietnam vernichtet hatte. Das Land wurde mit Agent Orange getränkt.

Die Chemikalien, die da eingesetzt wurden, enthielten Dioxin, eines der tödlichsten bekannten Karzinogene. Millionen Vietnamesen und viele US-amerikanische Soldaten wurden vergiftet. In Vietnam sind bis heute Fehlgeburten und schwer behinderte Kinder die Folge dieses Verbrechens. Da Washington sich weigert, diese zu untersuchen, kann man sich nur auf die Studien vietnamesischer Wissenschaftler und unabhängiger Experten stützen.

Dem vietnamesischen Protest gegen Dow schlossen sich auch die indische Regierung, der Indische Olympiaverband und die Überlebenden des grauenhaften Zwischenfalls von 1984 in Bhobal an. In Bhopal ereignete sich damals die schlimmste Industriekatastrophe der Geschichte: Tausende wurden durch austretendes Gas getötet und mehr als eine halbe Million Menschen wurden verletzt.

Union Carbide, die Firma, die für die Katastrophe verantwortlich gewesen war, wurde von Dow übernommen, und für Dow ist der Unfall ein großes Problem. Im Februar veröffentlichte Wikileaks Dokumente, die zeigen, dass Dow die Privatdetektei Stratfor beauftragt hatte, Aktivisten zu beobachten, die sich dafür einsetzen, dass die Opfer entschädigt und die Verantwortlichen vor Gericht gestellt werden.

Ein weiteres Verbrechen, dessen Folgen bis heute andauern, ist der Angriff der US-Marineinfanterie auf die irakische Stadt Falludscha im November 2004.

Frauen und Kindern erlaubte man zu entkommen, wenn sie es schafften. Nachdem die Stadt mehrere Wochen lang bombardiert worden war, begann die Invasion mit einem sorgfältig geplanten Kriegsverbrechen: der Eroberung des Allgemeinen Krankenhauses von Falludscha. Patienten und Personal mussten sich auf den Boden legen und wurden gefesselt.

Kurz darauf wurden ihnen die Fesseln wieder abgenommen. Die Anlage war gesichert.

Die offizielle Rechtfertigung bestand darin, dass das Krankenhaus über Opfer unter der Zivilbevölkerung berichtet hatte und deshalb als Waffe in der Propagandaschlacht galt.

Die Presse berichtete, dass der Großteil der Stadt nur mehr aus »schwelenden Trümmern« bestand, während sich die Marines daran machten, Aufständische »auszuräuchern«. Die Invasoren ließen die Hilfsorganisation des Roten Halbmondes nicht in die Stadt. Da es nie eine offizielle Untersuchung gab, ist das Ausmaß der Verbrechen unbekannt.

Die Ereignisse in Falludscha erinnern nicht zufällig an die Ereignisse in der bosnischen Enklave Srebrenica, die nun aufgrund des Völkermordprozesses gegen den serbischen Befehlshaber Ratko Mladić immer wieder in den Nachrichten auftauchen. Ein ehrlicher Vergleich wäre lehrreich, aber keine Angst, einen solchen Vergleich wird man nicht anstellen, denn das eine Ereignis war per definitionem ein Verbrechen, und das andere war per definitionem kein Verbrechen.

Unabhängige Untersuchungen berichten, dass der Angriff auf Falludscha ähnlich wie der Angriff gegen Vietnam langfristige Folgen hat.

Ärzte und Forscher haben einen drastischen Anstieg der Kindersterblichkeit, der Krebs- und Leukämieraten – höher als in Hiroshima und Nagasaki – festgestellt. Die Uranwerte, die man in Haar- und Bodenproben maß, liegen weit über allen Vergleichswerten.

Einer der wenigen Forscher aus einem Land, das an der Invasion beteiligt war, ist Dr. Kypros Nicolaides, der Leiter des Forschungszentrums für Pränatalmedizin am King's College Hospital in London. »Ich bin sicher, dass die Amerikaner Waffen eingesetzt haben, die diese Missbildungen verursachen«, sagt Nicolaides.

James Anaya, der UNO-Sondergesandte für die Rechte indigener Völker, berichtete letzten Monat über die andauernden Folgen eines noch viel größeren Nichtverbrechens.

Mit seinen Untersuchungen über die schrecklichen Lebensbedingungen der Reste der Urbevölkerung in den USA betrat Anaya verbotenes Terrain. Er berichtete: »Armut, schlechte Gesundheitsversorgung, niedriger Bildungsgrad und schwere soziale Probleme sind in viel höherem Ausmaß verbreitet als unter anderen Bevölkerungsgruppen in den USA.« Kein einziger Kongressabgeordneter war bereit, ihn anzuhören. Die Medien berichteten kaum.

Nach der dramatischen Rettung des blinden chinesischen Bürgerrechtlers Chen Guangcheng berichteten die Medien immer wieder über Dissidenten.

»Die internationale Aufregung«, schrieb Samuel Moyn letzten Monat in der *New York Times*, »erinnert an Dissidenten wie Andrei D. Sacharow und Alexander I. Solshenizyn, Helden des Ostblocks aus einem vergangenen Zeitalter, die als erste ›internationale Menschenrechte‹ zu einer Kampfparole für Aktivisten auf der ganzen Welt und zu einem wichtigen Punkt auf der Tagesordnung westlicher Regierungen machten.«

Im Jahr 2010 brachte Moyn das Buch *The Last Utopia. Human Rights in History* heraus.

Belinda Cooper hinterfragt in einer Besprechung in der wöchentlichen Beilage *Book Review* der *New York Times*, ob die Menschenrechte heute tatsächlich so wichtige Ideale sind, weil der US-Präsident Jimmy Carter »Versuche unternahm, die schließlich fehlschlugen, Menschenrechte in die Außenpolitik und 1975 in die KSZE-Schlussakte von Helsinki einfließen zu lassen« und sich dabei auf Verstöße gegen die Menschenrechte im Einflussbereich der Sowjetunion konzentrierte. Cooper findet die These nicht überzeugend, da es »ganz einfach ist, eine andere Geschichte zu konstruieren als die von Moyn.«

In der Tat: Die offensichtliche Alternative ist jene von James Peck, die der Mainstream jedoch kaum in Betracht ziehen kann, obwohl die entsprechenden Fakten ins Auge springen und jedem Experten bekannt sind.

John Coatsworth beispielsweise erinnert in der *Cambridge History of the Cold War* daran, dass von den 1960er Jahren bis zum »Zusammenbruch der Sowjetunion im Jahr 1990 die Zahl der politischen Gefangenen, der Folteropfer und der Hinrichtungen gewaltloser politischer Dissidenten in Lateinamerika viel höher war als in der Sowjetunion und ihrer Satellitenstaaten in Osteuropa.« Da es sich bei den Verbrechen in Lateinamerika, die zu einem guten Teil auf Interventionen der USA zurückzuführen sind, um Nichtverbrechen handelte, führten sie auch nicht zu einem Kreuzzug für Menschenrechte.

Inspiriert von der Rettung von Chen Guangcheng schrieb auch der *New-York-Times*-Kolumnist Bill Keller, dass »Dissidenten Helden sind«, aber auch »Störfaktoren für amerikanische Diplomaten, die wichtige Geschäfte mit Ländern abzuschließen haben, die unsere Werte nicht teilen« sein können. Keller kritisiert die US-Regierung dafür, dass sie manchmal unseren Werten nicht gerecht wird und nicht rasch handelt, wenn andere Verbrechen begehen.

An heldenhaften Dissidenten im Macht- und Einflussbereich der USA mangelt es nicht, doch diese sind genauso unsichtbar wie die Opfer in Lateinamerika. Beispiele findet man praktisch überall auf der Welt: Da ist zum Beispiel Abdulhadi al-Khawaja, Mitbegründer des Menschenrechtszentrums Bahrain, laut Amnesty International ein Gewissensgefangener, der nach einem langen Hungerstreik im Gefängnis dem Tod nahe ist.

Oder Pater Mun Jeong-hyeon, ein alter koreanischer Priester, der schwer verletzt wurde, als er im Rahmen von Protesten gegen die Errichtung eines US-amerikanischen Marinestützpunktes eine Messe auf der Insel Jeju abhielt, die »Friedensinsel« genannt wird und nun zum ersten Mal seit den Massakern der von den USA eingesetzten südkoreanischen Regierung im Jahr 1948 wieder von Sicherheitskräften besetzt ist.

Oder der türkische Politikwissenschaftler und Soziologe İsmail Beşikçi, der wieder einmal vor Gericht steht, weil er sich für die Rechte der Kurden einsetzt. Er hat aufgrund ähnlicher Anklagen schon einen guten Teil seines Lebens im Gefängnis verbracht, auch die 1990er Jahre, als die Regierung Clinton der Türkei Militärhilfe von gigantischem Ausmaß zukommen ließ, gerade als das türkische Militär einige der schlimmsten Verbrechen jener Zeit beging.

Doch all diese Ereignisse haben sich nach den üblichen Grundsätzen gar nicht ereignet, so wie viele andere, die zu zahlreich sind, um sie alle zu erwähnen.

Die Magna Carta: ihr Schicksal, unser Schicksal

3. Juli 2012

> Anmerkung des Herausgebers: Dieses Kapitel ist die Bearbeitung einer Rede, die Noam Chomsky am 19. Juni 2012 an der Universität St. Andrews in Fife in Schottland im Rahmen der Feiern zu ihrem 600-jährigen Gründungstag hielt.

Die jüngsten Ereignisse weisen in Richtung einer großen Gefahr, angesichts derer man einige Generationen in die Zukunft blicken sollte, wenn sich eines der wichtigsten Ereignisse in der Herausbildung von Bürger- und Menschenrechten zum tausendsten Mal jähren wird: die Herausgabe der Magna Carta Libertatum, die dem König Johann von England im Jahr 1215 aufgezwungen wurde.

Was wir heute tun oder lassen, entscheidet, wie die Welt zu diesem Jubiläum aussehen wird. Und das sind keine guten Aussichten – nicht zuletzt deshalb, weil die Magna Carta gerade vor unseren Augen in Stücke gerissen wird.

Die erste wissenschaftlich-kritische Ausgabe der Magna Carta wurde 1759 vom englischen Juristen William Blackstone herausgegeben. Sein Werk war eine Quelle für die Verfassung der USA. So wie frühere Ausgaben trug sie den Titel *The Great Charter and the Charter of the Forest*.

Beide Dokumente sind bis heute von großer Bedeutung.

Das erste, die Urkunde über die Freiheiten, gilt weithin als Eckpfeiler der Grundrechte der englischsprachigen Völker; oder wie es Winston Churchill noch breiter formulierte: Sie ist »das Grundgesetz jedes anständigen Menschen zu jeder Zeit und in jedem Land«.

Im Jahr 1679 wurde der Magna Carta noch der Habeas Corpus Act zur Seite gestellt, dessen offizieller Titel lautet: »Gesetz zur besseren Sicherung der Freiheit der Untertanen und zum Schutze vor Einkerkerung in Übersee«. Die moderne Version der »Einkerkerung in Übersee« nennt man *"rendition"*: Inhaftierung zum Zwecke der Folter.

Der Habeas Corpus Act wurde zusammen mit einem guten Teil der englischen Gesetze in die Verfassung der USA aufgenommen, in der betont wird, dass die Habeas-Corpus-Bestimmungen nicht aufgehoben werden dürfen, außer im Falle eines Aufstandes oder einer Invasion. Im Jahr 1961 bestätigte der Oberste Gerichtshof der USA, dass »die Gründervater die Rechte, die in diesem Gesetz festgelegt sind, als wichtigste Schutzmaßnahmen für die Freiheit betrachteten«. Die Verfassung der USA legt konkret fest: »Niemand darf ... des Lebens, der Freiheit oder des Eigentums ohne vorheriges ordentliches Gerichtsverfahren (durch Geschworene) nach Recht und Gesetz beraubt werden.«

Das Justizministerium hat unlängst erklärt, dass diese Bestimmungen auch durch interne Beratungen der Exekutive erfüllt seien, wie Jo Becker und Scott Shane am 29. März 2012 in der *New York Times* berichteten. Barack Obama, der Verfassungsjurist im Weißen Haus, war auch dieser Meinung. König Johann hätte dazu ebenfalls beifällig genickt.

Auch das Prinzip der Unschuldsvermutung, das hier zugrunde liegt, legt man auf originelle Art und Weise aus. Nach dem Prinzip der Terroristen-Todesliste des Präsidenten gelten praktisch »alle Männer im wehrfähigen Alter, die sich in einem Zielgebiet aufhalten«, als Kämpfer, »außer es gibt eindeutige Informationen, die posthum ihre Unschuld beweisen«, so die Zusammenfassung von Becker und Shane. Ein Unschuldsbeweis nach der Ermordung ist nun also ausreichend zur Einhaltung des geheiligten Prinzips.

Das sind nur einige Beispiele, wie »das Grundgesetz jedes anständigen Menschen« aufgehoben wird.

Die Carta de Foresta (oder "Charter of the Forests"), die zur Magna Carta gehört, ist heute vielleicht noch relevanter. Sie sollte die Allmende vor äußeren Mächten schützen. Für die breite Bevölkerung war die Allmende Quelle des Lebensunterhaltes: Brennholz, Nahrung und Baumaterial. Die Wälder waren keine Wildnis, sondern wurden sorgfältig gepflegt, um sie als gemeinsames Eigentum zu erhalten, dessen Reichtümer allen zur Verfügung standen und das an kommende Generationen weitergegeben wurde.

Im 17. Jahrhundert fiel die Carta de Foresta der Warenwirtschaft, der kapitalistischen Praxis und Moral zum Opfer. Sobald die gemeinsame Pflege und Nutzung der Allmenden nicht mehr geschützt war, schrumpften sie auf das zusammen, was man nicht privatisieren konnte – eine Kategorie, die bis heute vor unseren Augen immer weiter zusammenschrumpft.

Im Frühjahr 2012 entschied die Weltbank, die Klage des internationalen Bergbaukonzerns Pacific Rim gegen El Salvador zuzulassen; El Salvador versucht, bestimmte Gegenden und Gemeinschaften vor dem zerstörerischen Abbau von Gold zu schützen. Diese Umweltschutzmaßnahmen würden den Konzern um zukünftige Profite bringen, was nach den herrschenden Regeln zum Schutz der Rechte von Investoren, die fälschlich als »Handelsfreiheit« etikettiert sind, ein Verbrechen darstellt.

Das ist nur ein Beispiel für die Auseinandersetzungen, die sich überall auf der Welt abspielen und manchmal mit drastischer Gewalt einhergehen, wie etwa im rohstoffreichen Osten des Kongo, wo in den letzten Jahren Millionen Menschen getötet wurden, um ein reiches Angebot von Bodenschätzen für Mobiltelefone und andere Einsatzgebiete sowie – natürlich – reiche Profite zu sichern.

Mit der Aufhebung der Carta de Foresta ging ein grundlegender Wandel einher, was die Menschen über Allmende oder Gemeingut denken. Garrett Hardin fasste dies 1968 in einer einflussreichen These zusammen: »Freiheit auf der Allmende ruiniert uns alle« – die berühmte »Tragik der Allmende«. Alles, was nicht in Privatbesitz ist, werde durch individuelle Habgier zerstört.

Diese Doktrin ist nicht unumstritten. Elinor Ostrom zeigte, dass gemeinschaftliches Eigentum – eine Allmende – erfolgreich ist, wenn es von den Nutzern bewirtschaftet wird. Für ihre Arbeit erhielt sie 2009 den Alfred-Nobel-Gedächtnispreis für Wirtschaftswissenschaften.

Die Doktrin trifft jedoch zu, wenn wir ihre ungenannte Prämisse akzeptieren, dass die Menschen sich blind davon antreiben lassen, was die amerikanischen Arbeiter zu Beginn der Industriellen Revolution den »Geist des neuen Zeitalters« nannten: »Werde reich und kümmere dich nur um dich selbst« – eine Doktrin, die sie als erniedrigend und zerstörerisch betrachteten und als direkten Angriff auf die menschliche Freiheit ablehnten.

Seitdem wurden gewaltige Anstrengungen unternommen, den Menschen den »Geist des neuen Zeitalters« einzuschärfen. Ganze Branchen widmen sich dem, was der Wirtschaftswissenschaftler Thorstein Veblen »Erfindung von Bedürfnissen« nannte: Die Menschen werden auf »die oberflächlichen Dinge« des Lebens orientiert, beispielsweise auf »modischen Konsum«, um den Begriff von Paul Nystrom zu verwenden, eines Professors für Marketing an der Columbia University.

Damit werden die Menschen vereinzelt, streben nur mehr nach dem eigenen Vorteil und werden von gefährlichen Versuchen abgebracht, selbst zu denken, an einem Strang zu ziehen und die Obrigkeit in Frage zu stellen.

Ein zentrales Element der Zerstörung der Allmende ist die Abhängigkeit von fossilen Brennstoffen, die eine große Gefahr in Form einer globalen Katastrophe darstellt. Das muss gar nicht extra betont werden.

Über die Details kann man diskutieren, doch es besteht kein ernster Zweifel daran, dass dieses Problem allzu real ist, und je länger wir Lösungsversuche aufschieben, desto schlimmer wird das

Erbe sein, das wir künftigen Generationen hinterlassen. Rio+20, die Konferenz der Vereinten Nationen über nachhaltige Entwicklung, war der jüngste dieser Versuche. Die Ziele waren nicht hoch gesteckt und die Ergebnisse waren lachhaft.

Indigene Gemeinschaften sind auf der ganzen Welt an vorderster Front gegen die Krise aktiv. In einem Land sind Indigene an der Regierung: in Bolivien, dem ärmsten Land in Südamerika, das jahrzehntelang ein Opfer der Ausplünderung seiner reichen Ressourcen durch den Westen war. Und Bolivien tritt jetzt am konsequentesten für den Kampf gegen die Klimaerwärmung auf.

Nachdem die Klimakonferenz von Kopenhagen im Jahr 2009 kläglich gescheitert war, organisierte Bolivien eine Internationale Konferenz der Völker, an der 35 000 Menschen aus 140 Ländern teilnahmen.

Die Konferenz rief zu einer drastischen Verringerung der Treibhausgasemissionen auf und gab eine Allgemeine Erklärung der Rechte der Mutter Erde heraus. Dies ist eine zentrale Forderung indigener Gemeinschaften auf der ganzen Welt.

Ach so aufgeklärte Menschen der westlichen Welt machen sich darüber lustig, doch wenn wir uns nicht bald etwas von der Vernunft dieser indigenen Gemeinschaften zu eigen machen, werden sie wohl zuletzt lachen: ein Lachen abgrundtiefer Verzweiflung.

Nach Hiroshima

1. August 2012

Der 6. August, der Jahrestag von Hiroshima, sollte ein Tag ernster Besinnung sein, nicht nur eingedenk der schrecklichen Ereignisse jenes Tages im Jahr 1945, sondern auch eingedenk dessen, was diese aufzeigten: dass der Mensch in seinem beharrlichen Streben, seine Zerstörungskraft zu steigern, schließlich einen Weg gefunden hatte, die letzte Grenze zu erreichen.

Die Gedenkveranstaltungen zum 6. August haben dieses Jahr eine besondere Bedeutung. Sie finden unmittelbar vor dem 50. Jahrestag des »gefährlichsten Augenblicks in der Geschichte der Menschheit« statt, wie Arthur M. Schlesinger jun., Historiker und Berater von John F. Kennedy, sagte. Er bezog sich damit auf die Kuba-Krise.

Graham Allison schreibt in der aktuellen Ausgabe der Zeitschrift *Foreign Affairs*, dass Kennedy »Maßnahmen anordnete, von denen er wusste, dass sie nicht nur die Gefahr eines konventionellen Krieges, sondern auch die Gefahr eines Atomkrieges steigern würden«. Kennedy schätzte die Wahrscheinlichkeit auf vielleicht 50 Prozent, und Allison hält diese Einschätzung für realistisch.

Kennedy versetzte das Atomwaffensystem in höchste Alarmbereitschaft, so dass »NATO-Flugzeuge mit türkischen (oder anderen) Piloten … starten, nach Moskau fliegen und eine Bombe abwerfen« könnten.

Von der Entdeckung der Raketen auf Kuba waren jene Männer am meisten schockiert, die für die geheime Stationierung von ähnlichen Raketen auf Okinawa sechs Monate zuvor zuständig waren. Diese zielten natürlich auf China, gerade als sich auch in jener Region regionale Spannungen verstärkten.

Nach den Worten von General David Burchinal, der damals ein

hochrangiges Mitglied im Planungsstab des Pentagon war, brachte Kennedy den Staats- und Parteichef Chruschtschow »an den Rand des Atomkriegs; er warf einen Blick in den Abgrund und das war zu viel für ihn«. Mit so viel Vernunft kann man aber nicht immer rechnen.

Chruschtschow ging auf eine Formel ein, die Kennedy entworfen hatte, und beendete die Krise, kurz bevor ein Krieg ausbrach. Das wichtigste Element der Formel, schreibt Allison, war »das geheime Zuckerbrot eines versprochenen Abzuges US-amerikanischer Raketen aus der Türkei innerhalb von sechs Monaten nach Beendigung der Krise.« Es handelte sich um veraltete Raketen, die von den weitaus tödlicheren und unverwundbaren Polaris-U-Booten abgelöst wurden.

Kurzum, man erachtete es trotz hoher Kriegsgefahr und trotz des Risikos unvorstellbarer Zerstörungen für notwendig, das Prinzip durchzusetzen, dass die USA als einzige Macht das Recht hatten, überall Raketen zu stationieren, einige davon gegen China gerichtet oder an der Grenze zu Russland, das bis dahin keinerlei Raketen außerhalb der Sowjetunion aufgestellt hatte. Natürlich gibt es alle möglichen Versuche, dies zu rechtfertigen, doch meines Erachtens hält keiner davon einer Analyse stand.

Ein abgeleitetes Prinzip ist, dass Kuba kein Recht hatte, Raketen zu seinem Schutz gegen eine Invasion vonseiten der USA zu besitzen, was zu jenem Zeitpunkt eine unmittelbare Gefahr zu sein schien. Die Pläne für die Operation »Mongoose«, das Terrorprogramm von Kennedy gegen Kuba, sah für Oktober 1962, einen Monat vor der Raketenkrise, eine »offene Revolte und den Sturz des kommunistischen Regimes« vor und räumte ein, dass »ein endgültiger Erfolg eine entschlossene Militärintervention der USA erfordern« würde.

Die Terroraktionen gegen Kuba werden von US-amerikanischen Autoren im Allgemeinen als unbedeutender Unfug des CIA abgetan. Die Opfer dieser Anschläge sehen das naturgemäß etwas anders. In dem Buch *Voices from the Other Side. An Oral History of Terrorism Against Cuba* von Keith Bolender kommen immerhin auch sie zu Wort.

Die Ereignisse vom Oktober 1962 gelten weithin als Kennedys Ruhmesblatt. Allison meint, sie seien »ein Vorbild dafür, wie man Konflikte entschärft, Beziehungen zwischen Großmächten pflegt und ganz allgemein vernünftige außenpolitische Entscheidungen trifft«, besonders für die heutigen Konflikte mit dem Iran und mit China.

Im Jahr 1962 kamen wir einer Katastrophe gefährlich nahe, und seitdem hat es immer wieder gefährliche Situationen gegeben. 1973, in den letzten Tagen des arabisch-israelischen Krieges, versetzte Henry Kissinger das Atomwaffensystem in höchste Alarmbereitschaft. Indien und Pakistan standen kurz vor einem Atomkrieg. Es gab zahllose Fälle, in denen nur menschliches Eingreifen Atomangriffe aufgrund von Falschmeldungen automatischer Warnsysteme im allerletzten Moment verhinderte. Der 6. August ist Anlass, über viele Fragen nachzudenken.

Allison hält wie viele andere das Atomprogramm des Iran für eine der größten Krisen derzeit, »eine noch kompliziertere Herausforderung für amerikanische Entscheidungsträger als die Kuba-Krise« aufgrund der Gefahr eines israelischen Angriffs.

Der Krieg gegen den Iran hat schon längst begonnen, unter anderem mit der Ermordung von Wissenschaftlern und wirtschaftlichen Sanktionen, die nach Einschätzung des Iran-Experten Gary Sick das Ausmaß eines »nicht erklärten Krieges« erreicht haben.

Man ist auch sehr stolz auf den ausgeklügelten Cyberwar gegen den Iran. Das Pentagon betrachtet Cyberwar als »Kriegshandlung«, auf die der betroffene Staat berechtigterweise »mit herkömmlichen militärischen Mitteln antworten« kann, berichtet das *Wall Street Journal*. Mit der üblichen Ausnahme: Das gilt nicht, wenn der Angreifer die USA oder einer ihrer Verbündeten ist.

General Giora Eiland ist ein hochrangiger Militärstratege der israelischen Regierung. Ari Shavit schrieb in *Haaretz*, er sei »einer der genialsten und produktivsten Denker, die die israelische Armee jemals hervorgebracht hat«.

Die glaubwürdigste der Bedrohungen, die Eiland schildert, ist, dass »sich jeder Konflikt an unseren Grenzen unter einem atomaren Schutzschild des Iran abspielen würde«, und dass Israel sich daher bei der Anwendung von Gewalt zurückhalten müsste. Eiland stimmt mit dem Pentagon und den US-amerikanischen Geheimdiensten überein: Für sie alle ist Abschreckung die größte Gefahr, die der Iran darstellt.

Die gegenwärtige Eskalation des »nicht erklärten Krieges« gegen den Iran steigert die Gefahr, dass versehentlich ein großer Krieg ausgelöst wird. Ein Beispiel für diese Gefahr war letzten Monat zu beobachten, als ein Schiff der US-Marine, das zum riesigen Militäreinsatz im Persischen Golf gehört, auf ein kleines Fischerboot schoss und dabei ein indisches Besatzungsmitglied tötete und zumindest drei weitere verletzte. Es braucht nicht viel, um einen größeren Krieg auszulösen.

Eine vernünftige Methode, um solche schrecklichen Folgen zu vermeiden, ist die »Einrichtung einer Zone im Nahen Osten, die frei von Massenvernichtungswaffen und sämtlichen entsprechenden Trägerraketen ist, und ... ein weltweites Verbot von chemischen Waffen« – so lautet die Resolution 687 des UNO-Sicherheitsrates vom April 1991, auf die sich die USA und Großbritannien beriefen, um ihrem Angriff gegen den Irak zwölf Jahre später einen Anstrich von Legalität zu verleihen.

Das Ziel wird vom Iran und von den arabischen Ländern seit 1974 verfolgt, immer wieder bekräftigt und genießt nun zumindest formell praktisch einhellige Unterstützung der ganzen Welt. Im Dezember soll eine internationale Konferenz stattfinden, um über Möglichkeiten zu beraten, einen entsprechenden Vertrag umzusetzen.

Fortschritt in diese Richtung ist jedoch unwahrscheinlich, wenn es nicht breite Unterstützung dafür im Westen gibt. Diese Chance verstreichen zu lassen wird einmal mehr den düsteren Schatten verlängern, der die Welt seit jenem schicksalhaften 6. August verfinstert.

Farce und Tragödie

30. August 2012

Es ist nicht leicht, über seinen eigenen Schatten zu springen und die Welt anders zu sehen, als sie uns tagein, tagaus vorgeführt wird. Es lohnt sich aber. Hier sind einige Beispiele.

Die Kriegstrommeln gegen den Iran werden immer lauter gerührt. Stellen wir uns vor, die Lage wäre umgekehrt:

Der Iran führt einen mörderischen und zerstörerischen Krieg niedriger Intensität gegen Israel, unterstützt von einer Großmacht, und seine Führer erklären, dass Verhandlungen zu nichts führen.

Israel weigert sich, den Atomwaffensperrvertrag zu unterzeichnen und Inspektoren ins Land zu lassen, im Gegensatz zum Iran. Israel lehnt nach wie vor die von praktisch der ganzen Welt unterstützte Forderung nach einer atomwaffenfreien Zone in der Region ab. Der Iran hingegen wird die ganze Zeit über von einer Supermacht unterstützt.

Also verkündet die iranische Führung, dass sie die Absicht hat, Israel zu bombardieren, und prominente iranische Militärexperten meinen, dass der Angriff wohl vor den Wahlen in den USA stattfinden wird.

Der Iran kann seine mächtige Luftwaffe und seine neuen U-Boote einsetzen, die ihm Deutschland geschickt hat, die mit Atomraketen bestückt und vor der Küste Israels stationiert sind. Wie auch immer der genaue Zeitplan aussehen mag – der Iran kann sich darauf verlassen, dass die Supermacht, die hinter ihm steht, sich an dem Angriff beteiligt, wenn nicht die Führung dabei übernimmt. Der US-amerikanische Verteidigungsminister Leon Panetta sagt, dass die USA zwar nicht für einen solchen Angriff sind, dass der Iran als souveräner Staat jedoch das Recht hat, in seinem eigenen besten Interesse zu handeln.

All das ist natürlich unvorstellbar, und doch geschieht es vor unseren Augen, nur mit vertauschten Rollen. Solche Vergleiche passen natürlich nie genau, und auch dieser Vergleich ist nicht fair – gegenüber dem Iran.

Israel wendet nach Belieben Gewalt an, so wie seine Schutzmacht. Israel baut unablässig illegale Siedlungen in Gebieten, die es besetzt und zum Teil annektiert hat, und missachtet dreist das Völkerrecht und Resolutionen des UNO-Sicherheitsrates. Israel hat immer wieder brutale Angriffe gegen den Libanon und gegen die Bevölkerung, die im Gazastreifen eingesperrt ist, durchgeführt und ohne glaubwürdigen Grund zehntausende Menschen getötet.

Vor dreißig Jahren zerstörte Israel einen Atomreaktor im Irak. Erst vor Kurzem wurde Israel dafür gelobt, obwohl es glaubwürdige Belege dafür gibt – selbst vonseiten US-amerikanischer Geheimdienste –, dass dieser Bombenangriff das Atomwaffenprogramm von Saddam Hussein nicht beendete, sondern Saddam Hussein ganz im Gegenteil erst dazu anregte, ein solches Programm zu beginnen. Ein Bombenangriff gegen den Iran könnte denselben Effekt haben.

Auch der Iran hat Angriffskriege verübt, aber in den vergangenen Jahrhunderten ausschließlich unter dem Regime des Schah, mit Unterstützung der USA: Damals eroberte der Iran mehrere arabische Inseln im Persischen Golf.

Unter dem Schah betrieb der Iran mit kräftiger Unterstützung aus Washington ein Atomprogramm. Die iranische Regierung ist brutal und unterdrückerisch – so wie die Verbündeten von Washington in der Region. Der wichtigste Verbündete, Saudi-Arabien, ist das extremistischste islamisch-fundamentalistische Regime und wendet gigantische Summen auf, um seine radikale wahhabitische Doktrin in anderen Ländern zu verbreiten. Die Diktaturen am Golf – ebenfalls geschätzte Verbündete der USA – haben jeden Versuch der Bevölkerung, sich am Arabischen Frühling zu beteiligen, brutal unterdrückt.

Die Bewegung der Blockfreien Staaten – das sind die Regierungen der Mehrheit der Weltbevölkerung – hält gerade eine Konferenz in Teheran ab. Sie unterstützt ausdrücklich das Recht des Iran, Uran anzureichern, und einige ihrer Mitglieder, zum Beispiel Indien, halten sich nur teilweise und zögernd an die scharfen Sanktionen der USA gegen den Iran.

Die Blockfreien-Vertreter erkennen zweifellos die Bedrohung, welche die Debatte im Westen dominiert und die von General Lee Butler, dem ehemaligen Leiter des United States Strategic Command, klar ausgesprochen wurde: »Es ist äußerst gefährlich, dass sich im Hexenkessel der Feindschaften, der auch als ›Naher Osten‹ bekannt ist« ein Land mit Atombomben bewaffnet, was »andere Länder dazu anregen würde, es ihm gleich zu tun.«

Butler meint damit nicht den Iran, sondern Israel, das in den arabischen Ländern und in Europa als größte Gefahr für den Frieden gilt. In der arabischen Welt werden die USA als zweitgrößte Bedrohung angesehen, während der Iran zwar unbeliebt ist, aber als viel geringere Gefahr gilt. Nach zahlreichen Umfragen ist die Mehrheit in vielen Ländern sogar der Meinung, dass die Region sicherer wäre, wenn der Iran Atomwaffen hätte, um die anderen Bedrohungen auszugleichen.

Falls der Iran tatsächlich Atomwaffen entwickelt – was die US-Geheimdienste noch immer nicht wissen – mag dies daran liegen, weil die regelmäßigen US-amerikanisch-israelischen Drohungen, die ein klarer Verstoß gegen die UNO-Charta sind, ihn »dazu anregen«.

Warum ist der Iran dann laut dem offiziellen westlichen Diskurs die größte Gefahr für den Weltfrieden? Das Militär und die Geheimdienste der USA und ihre Kollegen in Israel geben offen zu, was der Hauptgrund dafür ist: Der Iran könnte genügend Abschreckungspotenzial entwickeln, um militärische Gewaltanwendungen vonseiten der USA und Israel verhindern.

Außerdem muss man den Iran dafür bestrafen, dass er sich dem Westen »erfolgreich widersetzt«. Das ist derselbe Vorwurf, den Washington vor mehr als einem Jahrhundert Kuba machte, und der nach wie vor das Motiv für die Aggression der USA gegen Kuba ist, die trotz der internationalen Verurteilungen andauert.

Auch andere Ereignisse, die in den Schlagzeilen sind, kann man aus einer veränderten Perspektive besser verstehen. Stellen wir uns vor, dass Julian Assange Geheimdokumente aus Russland veröffentlicht hätte, die zeigen, dass Moskau einen großen Skandal vor der Öffentlichkeit geheim halten wollte – unter ansonsten gleichen Umständen.

Schweden würde keine Minute zögern, seiner angeblich einzigen Sorge nachzugehen, und würde das Angebot, Assange in London zu vernehmen, sofort annehmen. Die schwedische Regierung würde selbstverständlich erklären, dass sie Assange, falls er nach Schweden zurückkäme (wozu er sich bereit erklärt hat), nicht an Russland auszuliefern, wo er kaum die Chance auf ein gerechtes Verfahren hat.

Man würde Schweden für diesen prinzipienfesten Standpunkt loben. Man würde Assange für sein Verdienst loben – was natürlich nicht hieße, dass man die Vorwürfe gegen ihn weniger ernst nähme als in anderen solchen Fällen.

In den USA dominieren die bevorstehenden Wahlen die Nachrichten. Louis Brandeis, von 1916 bis 1939 Richter am Obersten Gerichtshof der Vereinigten Staaten, rückte die Dinge in die richtige Perspektive, als er schrieb: »Wir können in unserem Land entweder Demokratie oder eine Konzentration des Wohlstandes in ganz wenigen Händen haben, aber nicht beides.«

Nach dieser Erkenntnis sollte die Wahlkampfberichterstattung sich auf die Folgen von Reichtum auf die Politik konzentrieren, so wie Martin Gilens in seinem neuen Buch *Affluence and Influence: Economic Inequality and Political Power in America* tut. Er stellt fest, dass die große Mehrheit der Bevölkerung »keinerlei Einfluss auf die Politik der Regierung hat«, wenn ihre Wünsche nicht mit jenen der

Reichen übereinstimmen, die praktisch alles bekommen, was sie wollen, wenn es ihnen wichtig ist.

Es ist also kein Wunder, dass die USA in einer Auflistung der 31 OECD-Mitglieder nach sozialer Gerechtigkeit an 27. Stelle liegen, trotz ihrer außerordentlichen Überlegenheit auf vielen anderen Gebieten.

Es ist auch kein Wunder, dass in Wahlkampfdiskussionen in vielen Fragen von Vernunft keine Spur ist, was manchmal geradezu komödienhaft wirkt.

Ein Beispiel: Paul Krugman berichtet, dass der hoch geschätzte große Vordenker der Republikanischen Partei, Paul Ryan, erklärt hat, dass er seine Vorstellung über das Finanzwesen vor allem von einer Figur aus einem Fantasy-Roman, *Atlas Shrugged**, bezogen hat.

Es fehlt nur noch, sich auf einen wirklich hervorragenden Schriftsteller zu beziehen, Jonathan Swift: In *Gullivers Reisen* tragen die Klügsten und Weisesten der großen Akademie von Lagado stets ein großes Bündel unzähliger Gegenstände auf ihrem Rücken mit sich herum, was den großen Vorteil hat, dass man ohne die Belastung durch Geld Tauschhandel betreiben kann. Auf diese Art und Weise würden Wirtschaft und Demokratie wahrlich aufblühen, und vor allem würde auch die soziale Ungleichheit drastisch zurückgehen, ganz im Sinne von Richter Brandeis.

* Deutsche Ausgaben des Romans von Ayn Rand erschienen unter den Titeln *Atlas wirft die Welt ab*, *Wer ist John Galt?* und *Der Streik*. — Anm. d. Übers.

Worüber Obama und Romney schweigen

4. Oktober 2012

Das vierjährliche Spektakel der Präsidentschaftswahlen erreicht seinen Höhepunkt, und es drängt sich die Frage auf, welche Lösungen die einzelnen Kandidaten jeweils für die wichtigsten Probleme anbieten. Die Antwort ist einfach: schwache oder gar keine. Daraus ergeben sich einige wichtige Fragen: Warum ist das so, und was kann man da tun?

Zwei Probleme sind von überragender Bedeutung, da sie das Überleben der Menschheit betreffen: die drohende Umweltkatastrophe und der drohende Atomkrieg.

Erstere ist regelmäßig in den Schlagzeilen. Justin Gillis berichtete beispielsweise am 19. September 2012 in der *New York Times*, dass der Rückzug der Meereis-Front in der Antarktis für dieses Jahr zu Ende gegangen sei, »doch nicht ohne jeden bisherigen Rekord zu überschreiten; die Folge sind neue Warnungen über die raschen Veränderungen in der Region«.

Das Eis schmilzt viel schneller, als komplizierte Computermodelle und der letzte Bericht der UNO über die Klimaerwärmung vorhergesagt hatten. Die neuen Daten weisen darauf hin, dass das Meer ab 2020 überhaupt nicht mehr zufrieren könnte, was schwerwiegende Folgen hätte. Frühere Schätzungen gingen davon aus, dass es erst ab 2050 so weit sein würde.

»Die Regierungen haben auf diese neuen Daten aber nicht mit strengeren Maßnahmen gegen Treibhausgas-Emissionen reagiert«, schreibt Gillis. »Ganz im Gegenteil: Die Reaktion bestand vor allem aus Plänen für den Abbau der bald zugänglichen Bodenschätze in der Arktis, darunter Pläne für neue Ölförderung« – also für eine Beschleunigung der Katastrophe.

Diese Reaktion zeugt von einer erstaunlichen Bereitschaft, das Leben unserer Kinder und Kindeskinder kurzfristigen Gewinnen zu opfern, oder vielleicht von einer ebenso erstaunlichen Bereitschaft, die Augen vor der drohenden Gefahr zu verschließen.

Und das ist erst der Anfang. Die jüngste Studie des Climate Vulnerability Monitor zeigt, dass »der Klimawandel, der von der globalen Erwärmung verursacht wird, die weltweite Wirtschaftsleistung um 1,6 Prozent pro Jahr verringert und die Kosten in den nächsten zwei Jahrzehnten verdoppeln wird«. In anderen Ländern räumte die Berichterstattung dieser Studie breiten Raum ein, doch den Amerikanern blieb diese beunruhigende Meldung erspart.

Die Zeitschrift *Science* brachte in ihrer Ausgabe vom 14. September eine Rezension des Wahlprogramms der Demokraten und der Republikaner zum Klimaproblem. In dieser Frage herrscht seltene Einigkeit zwischen den beiden Parteien: Beide rufen dazu auf, das Problem noch schlimmer zu machen.

Im Jahr 2008 hatten die Wahlprogramme beider Parteien einige Programmpunkte enthalten, wie die Regierung mit dem Klimawandel umgehen soll. Heute ist das Problem aus dem Wahlprogramm der Republikaner praktisch völlig verschwunden. Sie fordern allerdings, dass der Kongress »rasch Maßnahmen ergreifen« soll, um die amerikanische Umweltschutzbehörde EPA, die in einer weniger verrückten Ära vom republikanischen Präsidenten Richard Nixon ins Leben gerufen worden war, daran zu hindern, Treibhausgas-Emissionen einzuschränken. Und wir müssen die Öl- und Gasförderung im Arctic National Wildlife Refuge zulassen, dem Naturschutzgebiet in Alaska, um »all unsere heimischen Rohstoffe zu nutzen, mit denen Gott Amerika gesegnet hat«. Wir müssen schließlich dem Herrn gehorchen.

In dem Wahlprogramm heißt es auch: »Wir müssen die wissenschaftliche Integrität unserer staatlichen Forschungsinstitutionen wieder herstellen und politische Motive aus staatlich finanzierter Forschung heraushalten« – gemeint ist Klimaforschung.

Der republikanische Kandidat Mitt Romney trachtet danach, das Stigma der Aussagen abzustreifen, die er vor einigen Jahren über den Klimawandel gemacht hatte, und hat jetzt erklärt, dass es keinen wissenschaftlichen Konsens gebe, also trete er für weitere Diskussionen und Untersuchungen ein – aber nicht für konkrete Maßnahmen, außer solchen, die das Problem weiter verschärfen.

Die Demokraten erwähnen in ihrem Wahlprogramm immerhin, dass es ein Problem gibt, und empfehlen, dass wir »auf ein Abkommen für die Festlegung von Emissionsgrenzwerten im Einklang mit anderen aufstrebenden Mächten« hinarbeiten sollten. Aber das ist auch schon alles.

Präsident Barack Obama betont, dass wir hundert Jahre Energieautarkie gewinnen müssen, indem wir Fracking und andere neue Technologien einsetzen – ohne zu fragen, wie die Welt nach hundert Jahren Fracking und ähnlichen Methoden aussehen wird.

Es gibt also einen Unterschied zwischen den beiden Parteien: Er besteht darin, wie enthusiastisch die Lemminge auf den Abgrund zu marschieren sollen.

Das zweite große Problem, der Atomkrieg, ist ebenfalls jeden Tag in den Schlagzeilen, doch ein Marsmensch, der die seltsamen Vorgänge auf der Erde beobachtet, wäre verblüfft, wie diese lauten.

Die gegenwärtige Bedrohung geht wieder einmal vom Nahen Osten aus, konkret vom Iran – so sieht man das jedenfalls im Westen. Im Nahen Osten selbst gelten die USA und Israel als viel größere Bedrohungen.

Israel weigert sich im Gegensatz zum Iran, Atominspektoren ins Land zu lassen oder den Atomwaffensperrvertrag zu unterschreiben. Israel hat hunderte Atombomben und moderne Trägerraketen, sowie eine lange Geschichte militärischer Gewalt, Aggression und Gesetzlosigkeit, dank der unermüdlichen Unterstützung durch die USA.

Ob der Iran wirklich versucht, Atomwaffen zu entwickeln, wissen die US-amerikanischen Geheimdienste nicht.

Die Internationale Atomenergie-Organisation sagt in ihrem jüngsten Bericht, dass sie »das Nichtvorhandensein von nicht deklariertem Atommaterial und entsprechenden Aktivitäten im Iran« nicht beweisen kann – eine sehr verklausulierte Verurteilung des Iran auf Wunsch der USA, wobei die Organisation zugibt, dass sie den Erkenntnissen der US-Geheimdienste nichts hinzuzufügen hat.

Also muss man dem Iran das Recht verweigern, Uran anzureichern, obwohl dieses Recht vom Atomwaffensperrvertrag garantiert und von fast der ganzen Welt unterstützt wird, unter anderem von den blockfreien Ländern, die gerade ihre Konferenz in Teheran abgehalten haben.

Die Möglichkeit, dass der Iran Atomwaffen entwickeln könnte, kommt auch im Wahlkampf zur Sprache. (Die Tatsache, dass Israel bereits welche hat, kommt nicht zur Sprache.) Zwei Positionen stehen einander gegenüber: Sollen die USA erklären, dass sie den Iran angreifen werden, wenn er die Möglichkeit erlangt, Atomwaffen herzustellen – eine Möglichkeit, über die Dutzende Länder verfügen? Oder soll Washington die »rote Linie« weniger bestimmt ziehen?

Das Weiße Haus hat zweitere Position; erstere Position wird von den Hardlinern in Israel vertreten – und vom US-amerikanischen Kongress. Der Senat hat gerade mit neunzig zu einer Stimme beschlossen, die israelische Position zu unterstützen.

Was in der ganzen Debatte nicht vorkommt, ist die Lösung, die auf der Hand liegt, wenn man jegliche Bedrohung vonseiten des Iran – falls man glaubt, dass der Iran eine Bedrohung darstellt – eindämmen oder unterbinden könnte: die Einrichtung einer atomwaffenfreien Zone in der ganzen Region. Die Gelegenheit bietet sich gerade an: In einigen Monaten findet eine internationale Konferenz mit diesem Ziel statt, das von fast der ganzen Welt unterstützt wird, sowie von einer Mehrheit der Israelis.

Die israelische Regierung hat jedoch angekündigt, dass sie nicht an der Konferenz teilnehmen wird, solange es kein allgemeines Friedensabkommen für die Region gibt, das wiederum unerreichbar ist, solange Israel weiterhin seine illegalen Aktivitäten in den besetzten palästinensischen Gebieten betreibt. Washington hat dieselbe Position und besteht darauf, dass Israel von jedem derartigen regionalen Abkommen ausgenommen sein muss.

Wir könnten auf einen verheerenden Krieg, möglicherweise sogar auf einen Atomkrieg zusteuern.

Die Wege, diese Gefahr zu überwinden, sind klar, aber sie werden nicht eingeschlagen werden, wenn es nicht eine große Bewegung der Bevölkerung gibt, dass diese Gelegenheit genutzt wird. Dass eine solche Bewegung zustande kommt, ist wiederum unwahrscheinlich, solange diese Fragen nicht auf der Tagesordnung stehen, weder im Wahlkampfzirkus noch in den Medien und in einer breiteren öffentlichen Debatte.

Die Wahlen werden von der Public-Relations-Branche geschlagen. Ihre Grundaufgabe ist an sich kommerzielle Werbung, die dazu dient, den Markt zu hintertreiben, indem sie falsch informierte Konsumenten produziert, die irrationale Entscheidungen treffen – genau das Gegenteil dessen, wie Märkte eigentlich funktionieren sollten, aber jedem vertraut, der fernsieht.

Es liegt in der Natur der Sache, dass diese Branche, wenn sie damit beauftragt wird, den Wahlkampf zu führen, im Interesse ihrer Geldgeber genau dieselben Vorgehensweisen anwendet, denn auch diese Geldgeber sind natürlich keineswegs daran interessiert, dass wohlinformierte Bürger rationale Entscheidungen treffen.

Die Opfer sind jedoch in keinem der beiden Fälle gezwungen zu gehorchen. Nichts zu tun mag zwar der bequemere Weg sein, aber nicht der rühmlichste.

Gaza: das größte Freiluftgefängnis der Welt

7. November 2012

Eine einzige Nacht im Gefängnis reicht aus, damit man versteht, was es bedeutet, der absoluten Kontrolle einer äußeren Macht ausgeliefert zu sein.

Und man muss auch nicht mehr als einen Tag im Gazastreifen verbringen, damit man begreift, was es bedeutet, im größten Freiluftgefängnis der Welt ums Überleben zu kämpfen. Eineinhalb Millionen Menschen auf einem Streifen Land von 360 Quadratkilometern zufälligem Terror und willkürlichen Strafmaßnahmen ausgesetzt, die keinen anderen Zweck haben, als sie zu erniedrigen und zu schikanieren.

Diese Grausamkeit dient dazu, jegliche Hoffnung der Palästinenser auf eine menschenwürdige Zukunft zu vernichten und die überwältigende weltweite Unterstützung für eine diplomatische Beilegung des Konfliktes aufzuheben, die die grundlegenden Menschenrechte garantiert. Die politische Führung Israels hat uns diese Absichten in den letzten Tagen drastisch vor Augen geführt, als sie erklärte, sie würde »Amok laufen«, falls die UNO die Rechte der Palästinenser auch nur beschränkt anerkennt.

Diese Drohung mit einem »Amoklauf« (נשתגע) – soll heißen, mit einer scharfen Reaktion – hat tiefe Wurzeln, die auf die Regierungen der Arbeiterpartei in den 1950er Jahren zurückgeht, so wie der damit verwandte »Samson-Komplex«: Wenn man uns ärgert, reißen wir den Tempel ein, in dem wir sitzen.

Vor dreißig Jahren legten einige führende israelische Politiker, darunter einige bekannte Falken, dem Premierminister Menachem

Begin einen schockierenden Bericht darüber vor, dass israelische Siedler im Westjordanland regelmäßig »Terroranschläge« gegen die arabische Bevölkerung dort verübten, und zwar völlig ungestraft.

Der prominente Politikwissenschaftler und Militärexperte Yoram Peri schrieb entrüstet, dass es offenbar nicht die Aufgabe der israelischen Armee sei, das Land zu verteidigen, sondern »die Rechte unschuldiger Menschen mit Füßen zu treten, bloß weil sie *Arabushim* (ein rassistisches Schimpfwort) sind, die in Gebieten Leben, die Gott uns versprochen hat«.

Die Bewohner des Gazastreifens wurden für besonders grausame Bestrafungen ausgewählt. Vor dreißig Jahren beschrieb der Rechtsanwalt Raja Shehadeh in seinen Memoiren *The Third Way**, seine aussichtslosen Versuche, grundlegende Menschenrechte innerhalb eines Rechtssystems zu schützen, in dem er zum Scheitern verurteilt war, sowie seine persönliche Erfahrung als *Samid*, als »Standfester«, der mit ansehen musste, wie seine Heimat von brutalen Besatzern in ein Gefängnis verwandelt wurde und nichts anderes tun konnte, als irgendwie »durchzuhalten«. Seit damals ist die Lage noch viel schlimmer geworden. Die Oslo-Abkommen, die 1993 mit viel Pomp gefeiert wurden, legten fest, dass der Gazastreifen und das Westjordanland eine territoriale Einheit bilden. Die USA und Israel hatten allerdings bereits zu jenem Zeitpunkt begonnen, einen Plan umzusetzen, den Gazastreifen und das Westjordanland voneinander zu trennen, um eine diplomatische Lösung zu verhindern und die *Arabushim* in beiden Gebieten zu bestrafen.

Im Januar 2006 wurde die Bevölkerung des Gazastreifens noch härter bestraft, als sie ein schweres Verbrechen begingen: Sie wählten bei den ersten freien Wahlen in der arabischen Welt die »falsche« Partei, und die Hamas gewann die Wahlen.

Die USA und Israel, unterstützt von der kleinmütigen

* Titel der deutschen Ausgabe: *Aufzeichnungen aus einem Ghetto.* — Anm. d. Übers.

Europäischen Union, stellten ihre »Sehnsucht nach Demokratie« zur Schau und begannen sofort eine brutale Belagerung sowie militärische Angriffe. Die USA setzten sofort ihr Standardverfahren ein, das zur Anwendung kommt, wenn eine aufmüpfige Bevölkerung sich die falsche Regierung wählt: Vorbereitungen für einen Militärputsch, um die Ordnung wiederherzustellen.

Ein Jahr später beging die Bevölkerung des Gazastreifens ein noch größeres Verbrechen, als sie den Putschversuch verhinderte. Das führte zu einer drastischen Eskalation der Belagerung und der Angriffe. Diese gipfelten im Winter 2008/2009 in der Operation »Gegossenes Blei«, einer der feigsten und schlimmsten Anwendungen militärischer Gewalt der letzten Zeit: Eine wehrlose Zivilbevölkerung, die in der Falle saß, wurde von einer der modernsten Armeen der Welt mit US-amerikanischen Waffen und unter dem Schutz der US-amerikanischen Diplomatie erbarmungslos angegriffen.

Natürlich wurden irgendwelche Vorwände ins Treffen geführt – so wie immer. Der übliche Vorwand, der immer herangezogen wird, ist »Sicherheit«: in diesem Fall wurde er gegen selbstgebastelte Raketen aus dem Gazastreifen angeführt.

Im Jahr 2008 schlossen Israel und die Hamas einen Waffenstillstand. Hamas feuerte keine einzige Rakete ab, bis Israel den Waffenstillstand am 4. November brach, während alle Aufmerksamkeit auf die Wahlen in den USA gerichtet war. Israel marschierte ohne besonderen Grund in den Gazastreifen ein und tötete ein halbes Dutzend Mitglieder der Hamas.

Hochrangige Geheimdienstvertreter legten der israelischen Regierung nahe, dass sie den Waffenstillstand verlängern könnte, wenn sie die verbrecherische Blockade lockern und die militärischen Angriffe einstellen würde. Die Regierung von Ehud Olmert – der selbst als Taube gilt – lehnte diese Optionen jedoch ab, sondern setzte ihre gewaltige und gewaltsame Überlegenheit ein: die Operation »Gegossenes Blei«.

Raji Sourani, ein international anerkannter Menschenrechtsaktivist im Gazastreifen, analysierte die Angriffsmuster der Operation: Die Bombardierungen konzentrierten sich auf den Norden und zielten auf wehrlose Zivilisten in den am dichtesten besiedelten Gebieten, die keinerlei militärische Ziele darstellten.

Sourani meint, dass es vielleicht das Ziel gewesen sei, die Bevölkerung einzuschüchtern und in den Süden, an die Grenze zu Ägypten zu vertreiben. Doch die *Samidin* hielten aus.

Ein weiteres Ziel war vielleicht, sie über die Grenze zu treiben. Die Zionisten argumentierten seit den Anfangstagen ihrer Siedlungstätigkeit, dass die Araber eigentlich keinen Grund hätten, in Palästina zu bleiben: Sie könnten anderswo genauso glücklich werden, und sollten wegziehen. Die Tauben unter den Zionisten nannten dies vornehm »Transfer«.

In Ägypten sieht man das natürlich nicht so gelassen, und das ist vielleicht der Grund, warum Ägypten seine Grenze nicht für Zivilisten oder auch nur für dringend benötigte Versorgungsgüter öffnet.

Sourani und andere kompetente Experten zeigen, dass die Disziplin der *Samidin* den Deckel auf einem Pulverfass bildet, das nach Jahren der Unterdrückung jederzeit unerwartet explodieren kann, wie bei der ersten Intifada im Gazastreifen 1987.

Ich konnte bei einem Aufenthalt von wenigen Tagen im Gazastreifen nur einige oberflächliche Beobachtungen machen, doch mich hat nicht nur die Fähigkeit der Bewohner beeindruckt, weiterzuleben, sondern auch die Ausstrahlung und Lebendigkeit der jungen Leute, vor allem an der Universität, wo ich an einer internationalen Konferenz teilnahm.

Man kann aber auch Zeichen ausmachen, dass der Druck so hoch werden könnte, dass er nicht mehr zu ertragen ist. Es gibt Berichte über leise vor sich hin köchelnde Verzweiflung unter jungen Menschen – aufgrund der Erkenntnis, dass eine Zukunft unter US-amerikanischer und israelischer Besatzung ihnen nichts zu bieten hat.

Der Gazastreifen sieht wie ein Land der Dritten Welt aus, mit Enklaven des Wohlstandes inmitten furchtbarer Armut. Er ist allerdings nicht unterentwickelt, sondern ganz systematisch auf ein niedrigeres Niveau »zurückentwickelt« (*de-developed*), um einen Begriff zu verwenden, den Sara Roy geprägt hat, die führende akademische Expertin zu Gaza.

Der Gazastreifen hätte ein florierendes Gebiet am Mittelmeer werden können, mit einer reichen Landwirtschaft und einer blühenden Fischereiwirtschaft, herrlichen Stränden und – wie man vor zehn Jahren entdeckte – guten Aussichten auf große Erdgasvorkommen innerhalb seiner Hoheitsgewässer.

Es mag ein Zufall sein oder auch nicht, aber genau zu jener Zeit verschärfte Israel seine Seeblockade. Diese Zukunftschancen wurden 1948 unterbrochen, als der Gazastreifen einen Flüchtlingsstrom von Palästinensern aufnehmen musste, die in Angst und Schrecken geflüchtet oder gewaltsam aus jenen Gebieten vertrieben worden waren (in einigen Fällen Monate nach dem offiziellen Waffenstillstand), die dann zu Israel wurden. Die israelischen Eroberungen von 1967 und deren Folgen waren weitere schwere Schläge für den Gazastreifen, und die furchtbaren Verbrechen gehen bis heute weiter.

Die Anzeichen waren auch während meines kurzen Aufenthaltes deutlich sichtbar. Von meinem Hotel in Küstennähe konnte ich das Maschinengewehrfeuer israelischer Militärboote hören, die Fischer aus den Hoheitsgewässern des Gazastreifens zurück an die Küste treiben und sie so dazu zwingen, in Gewässern zu fischen, die stark verschmutzt sind, da die USA und Israel den Wiederaufbau der Abwasserleitungen, Kläranlagen und Kraftwerke, die sie zerstört haben, nicht erlauben.

In den Abkommen von Oslo waren zwei Entsalzungsanlagen vorgesehen, die in dieser trockenen Weltgegend dringend gebraucht werden. Eine davon, eine moderne Anlage, wurde errichtet: in Israel. Die andere steht in Khan Yunis, im Süden des Gazastreifens. Der technische Leiter der Anlage erklärte, dass diese Anlage so entworfen wurde, dass sie kein Meerwasser entsalzen kann, sondern nur Grundwasser. Das ist eine billigere Technik, die aber den an sich schon spärlichen Wasserträger weiter belastet, so dass schwere Probleme absehbar sind.

Die Wasserversorgung ist noch immer sehr begrenzt. Das Hilfswerk der Vereinten Nationen für Palästina-Flüchtlinge im Nahen Osten (UNRWA), das sich um Flüchtlinge, aber nicht um die übrige Bevölkerung in Gaza kümmert, hat vor Kurzem einen Bericht herausgegeben, in dem es davor warnt, dass der Schaden an dem Grundwasserträger demnächst »unumkehrbar« sein wird, und dass der Gazastreifen ohne rasche Gegenmaßnahmen im Jahr 2020 kein »bewohnbarer Ort« mehr sein wird.

Israel lässt Zementlieferungen für UNRWA-Projekte in den Gazastreifen, aber nicht für andere Versuche des Wiederaufbaus nach den großen Zerstörungen. Die meisten großen Baumaschinen stehen ungenutzt herum, da Israel keine Ersatzteile in den Gazastreifen lässt.

All das ist Teil eines umfassenden Programms, das Dov Weisglass beschrieb, ein Berater von Premierminister Olmert, nachdem die Palästinenser bei den Wahlen von 2006 nicht den israelischen Befehlen gefolgt waren. »Der Plan ist«, sagte er, »den Palästinensern eine Schlankheitskur zu verpassen, aber nicht, sie am Hunger sterben zu lassen.«

Der israelischen Menschenrechtsorganisation Gisha gelang es nach jahrelangen Bemühungen erst vor Kurzem, eine gerichtliche Anordnung zu erwirken, nach der die Regierung ihre Aufzeichnungen über die Einzelheiten des Planes für diese »Schlankheitskur« herausgeben muss. Jonathan Cook, ein Journalist, der in Israel arbeitet, fasst sie zusammen: »Gesundheitsbeamte rechneten eine Mindestkalorienanzahl für die 1,5 Millionen Bewohner des Gazastreifens aus, um Unterernährung zu vermeiden. Diese Kalorienzahl wurde dann in LKW-Ladungen umgerechnet, die Israel jeden Tag hineinlassen müsste ... durchschnittlich kamen aber nur 67 Lastwagen pro Tag – viel weniger als die Hälfte des Mindestbedarfes – in den Gazastreifen hinein, im Vergleich zu mehr als 400 Lastwagen pro Tag vor Beginn der Blockade.«

Das Ergebnis der Verhängung der Schlankheitskur, schreibt der Nahostwissenschaftler Juan Cole, ist, dass »etwa 10 Prozent der palästinensischen Kinder unter fünf Jahren im Gazastreifen aufgrund von Unterernährung in ihrem Wachstum verkümmert sind. ... Außerdem ist Anämie weitverbreitet: Mehr als zwei Drittel aller Kleinkinder, 58,6 Prozent aller Schulkinder und mehr als ein Drittel aller schwangeren Frauen sind davon betroffen.«

Der Menschenrechtsaktivist Sourani zeigt auf: »Man darf nicht vergessen, dass die Besatzung und die vollständige Abriegelung ein andauernder Angriff auf die menschliche Würde der Menschen im Gazastreifen, die direkt davon betroffen sind, aber auch aller anderen Palästinenser ist. Sie ist eine systematische Schikane, Erniedrigung, Isolierung und Aufsplitterung des palästinensischen Volkes.«

Zahlreiche andere Autoren kommen zu demselben Schluss. Rajaie Batniji, ein Assistenzarzt in Stanford, beschreibt den Gazastreifen in einem Artikel in *The Lancet*, einer führenden medizinischen Fachzeitschrift, als »eine Art Versuchslabor, um das Fehlen von Menschenwürde zu beobachten«, ein Zustand, der »verheerende« Auswirkungen auf das körperliche, geistige und gesellschaftliche Wohlbefinden hat. »Die ständige Überwachung aus der Luft, die kollektive Bestrafung durch die Blockade und Abschottung, das Eindringen in Wohnungen, die Abhörmaßnahmen und die Beschränkungen, auf die jeder stößt, der versucht zu reisen oder zu heiraten oder zu arbeiten, machen es schwierig, im Gazastreifen ein menschenwürdiges Leben zu führen«, schreibt Batniji. Die *Arabushim* müssen lernen, dass sie nicht aufmucken dürfen.

Es gab Hoffnungen, dass die neue Regierung von Muhammad Mursi, die weniger an den Rockzipfeln Israels hängt als die vorhergehende, vom Westen unterstützte Diktatur von Hosni Mubarak, den Grenzübergang Rafah öffnen würde, den einzigen Zugang des Gazastreifens zur restlichen Welt, der nicht direkt von Israel kontrolliert wird. Der Grenzübergang wurde ein kleines bisschen geöffnet, aber nicht sehr.

Die Journalistin Laila el-Haddad schreibt, dass die Öffnung unter Mursi »bloß eine Rückkehr zum Status quo früherer Jahre ist: Nur Palästinenser, die einen von Israel genehmigten Gaza-Ausweis haben, können den Grenzübergang Rafah passieren.« Das schließt viele, viele Palästinenser aus, darunter die Familie von el-Haddad selbst, in der nur eine Person einen solchen Ausweis besitzt.

Außerdem, schreibt sie, »gelangt man über den Grenzübergang weder in das Westjordanland, noch werden Waren durchgelassen. Waren können nur über die von Israel kontrollierten Übergänge transportiert werden, wobei die Einfuhr von Baumaterial und die Ausfuhr von Waren aus dem Gazastreifen verboten sind.«

Dass in Rafah ein eingeschränkter Grenzverkehr möglich ist, ändert nichts daran, dass »der Gazastreifen nach wie vor einer strengen Belagerung unterworfen ist und nach wie vor von den kulturellen, wirtschaftlichen und akademischen Zentren der Palästinenser in den übrigen (besetzten Gebieten) abgeschnitten ist, was einen Verstoß der USA und Israels gegen ihre Verpflichtungen laut Osloer Abkommen darstellt.«

Die Auswirkungen sind schmerzlich spürbar. Der Leiter des Krankenhauses von Khan Yunis, der auch Leiter der chirurgischen Abteilung ist, beschreibt mit Zorn und Leidenschaft, dass selbst Medikamente knapp sind, so dass die Ärzte machtlos sind und die Patienten qualvoll leiden.

Eine junge Frau berichtet von der Krankheit ihres verstorbenen Vaters: Der wäre stolz gewesen, dass sie als erste Frau im Flüchtlingslager einen höheren Bildungsabschluss gemacht hat, doch »er starb im Alter von sechzig Jahren nach einem sechs Monate langen Kampf gegen Krebs. Die israelischen Besatzungsbehörden lehnten seinen Antrag auf eine Genehmigung ab, zur Behandlung in ein israelisches Krankenhaus zugehen. Ich musste mein Studium, meine Arbeit und mein Leben unterbrechen und saß an seinem Krankenbett. Die ganze Familie saß da, darunter mein Bruder, der Arzt ist, und meine Schwester, die Pharmazeutin ist, alle machtlos und hoffnungslos, und wir mussten seinem Leiden tatenlos zusehen. Er starb während der unmenschlichen Blockade des Gazastreifens im Sommer 2006, als es kaum Zugang zum Gesundheitswesen gab. Ich glaube, das Gefühl der Machtlosigkeit und der Hoffnungslosigkeit sind die schlimmsten Gefühle, die ein Mensch haben kann. Sie zersetzen dir den Geist und brechen dir das Herz. Man kann gegen die Besatzung ankämpfen, aber nicht gegen das Gefühl der Machtlosigkeit. Das ist ein Gefühl, das man nie wieder los wird.«

Als Besucher im Gazastreifen kann man sich der Abscheu vor der Obszönität der Besatzung nicht erwehren, und dazu kommen noch Schuldgefühle, denn es liegt in unserer Macht, das Leiden zu beenden und den *Samidin* ein Leben in Frieden und Würde zu ermöglichen, so wie sie es verdienen.

Angriff auf Gaza

1. Dezember 2012

Ein alter Mann im Gazastreifen hielt ein Plakat hoch, auf dem stand: »Ihr habt mir mein Wasser weggenommen, meine Olivenbäume verbrannt, mein Haus zerstört, mir meine Arbeit weggenommen, mein Land gestohlen, meinen Vater eingesperrt, meine Mutter getötet, mein Land bombardiert, ihr lasst uns alle hungern, ihr erniedrigt uns alle, aber ich bin schuld: denn ich habe mit einer Rakete zurückgeschossen.«

Die Botschaft des alten Mannes stellt den größeren Zusammenhang her, in dem die jüngste Runde der grausamen Bestrafung des Gazastreifens steht. Die Verbrechen gehen auf das Jahr 1948 zurück, als hunderttausende Palästinenser in Angst und Schrecken aus ihren Häusern nach Gaza flohen oder von den israelischen Truppen bei ihren Eroberungen nach Gaza vertrieben wurden. Noch Jahre nach dem offiziellen Waffenstillstand verfrachtete die israelische Armee Palästinenser mit Lastwagen über die Grenze.

Mit der israelischen Eroberung des Gazastreifens im Jahr 1967 nahm die Bestrafung neue Formen an. Aus neuen Veröffentlichungen israelischer Wissenschaftler (vor allem *The Bride and the Dowry: Israel, Jordan, and the Palestinians in the Aftermath of the June 1967 War* von Avi Raz) geht hervor, dass es das Ziel der Regierung war, die Flüchtlinge auf die Sinai-Halbinsel zu vertreiben – und wenn möglich, auch noch den Rest der Bevölkerung.

Die Vertreibungen aus dem Gazastreifen wurden auf direkten Befehl von General Yeshayahu Gavish ausgeführt, dem Befehlshaber des Südkommandos der israelischen Streitkräfte. Die Vertreibungen aus dem Westjordanland waren viel schlimmer, und Israel verhinderte mit perfiden Maßnahmen sowie in klarem Verstoß gegen Beschlüsse des UNO-Sicherheitsrates die Rückkehr jener Menschen, die es vertrieben hatte.

Die Gründe dafür wurden in internen Debatten unmittelbar nach dem Krieg klar ausgesprochen. Golda Meir, die spätere Premierministerin, teilte ihren Genossen in der Arbeiterpartei mit, dass Israel den Gazastreifen behalten, aber »die Araber loswerden« sollte. Verteidigungsminister Moshe Dayan und andere stimmten ihr zu.

Premierminister Levi Eshkol erklärte, dass man es den Vertriebenen nicht gestatten könne, zurückzukehren, da »wir die arabische Bevölkerung in Israel nicht vergrößern dürfen«, wobei er sich auf die eben besetzten Gebiete bezog, die bereits als Teil von Israel betrachtet wurden.

Entsprechend dieser Vorstellung wurden alle Karten von Israel verändert und die Grüne Linie (die international anerkannte Grenze) wurde getilgt, nur die Veröffentlichung der neuen Karten wurde hinausgezögert, damit Abba Eban, der israelische UNO-Botschafter, Israels Absichten verschleiern und das erreichen konnte, was er vor der Vollversammlung eine »vorteilhafte Pattsituation« nannte.

Die Ziele der Vertreibungen sind bis heute aktuell und sie sind möglicherweise ein Faktor, der dazu beiträgt, dass Ägypten zögert, seine Grenzen für den freien Personen- und Warenverkehr zu öffnen, der von der israelischen Belagerung verhindert wird. Die USA unterstützen diese Belagerung.

Die gegenwärtige amerikanisch-israelische Eskalation der Gewalt geht auf den Januar 2006 zurück, als die Palästinenser bei den ersten freien Wahlen in der arabischen Welt die »falsche« Partei wählten.

Israel und die USA reagierten sofort mit einer harten Bestrafung der Missetäter und bereiteten einen Militärputsch vor, um die gewählte Regierung zu stürzen – das übliche Vorgehen. Im Jahr 2007 wurde die Bestrafung drastisch verschärft, als der Putschversuch verhindert wurde und die gewählte Hamas-Regierung die volle Kontrolle über den Gazastreifen erlangte.

Hamas bot Israel nach den Wahlen von 2006 sofort einen

Waffenstillstand an. Israel ignorierte die Angebote und begann Angriffe, bei denen im Jahr 2006 660 Palästinenser getötet wurden, die meisten davon Zivilisten (ein Drittel waren Minderjährige). Nach Berichten der UNO wurden bei israelischen Angriffen vom April 2006 bis Juli 2012 2870 Palästinenser getötet, und einige Dutzend Israelis wurden durch Beschuss aus Gaza getötet.

Die Hamas hielt sich an den kurzlebigen Waffenstillstand des Jahres 2008, bis Israel ihn im November brach.

Israel ignorierte weitere Waffenstillstandsangebote und begann im Dezember die mörderische Operation »Gegossenes Blei«.

Und so geht es immer weiter, während die USA und Israel weiterhin die Aufrufe der Hamas zu einem langfristigen Waffenstillstand und einer politischen Lösung in Form einer Zwei-Staaten-Lösung ablehnen. Diese Lösung ist internationaler Konsens, doch die USA verhindern sie seit 1976, als sie ein Veto gegen eine entsprechende Resolution des Sicherheitsrates einlegten, die die wichtigsten arabischen Länder eingebracht hatten.

Diese Woche setzte Washington alles daran, eine palästinensische Initiative zu verhindern, die den Status Palästinas bei der UNO verbessern sollte. Dabei waren die USA wie üblich international praktisch völlig isoliert, und diesmal scheiterten sie. Die Gründe für die Versuche der USA sind entlarvend: Palästina könnte sich wegen der Verbrechen, die Israel mit Unterstützung der USA verübt, an den Internationalen Strafgerichtshof wenden.

Ein Element der unablässigen israelischen Tortur ist die israelische »Pufferzone« innerhalb des Gazastreifens. Aufgrund dieser »Pufferzone« dürfen Palästinenser fast die Hälfte des knappen landwirtschaftlich nutzbaren Landes im Gazastreifen nicht betreten.

Von Januar 2012 bis zum Beginn des jüngsten israelischen mörderischen Amoklaufs am 14. November, Operation »Wolkensäule«, wurde ein Israeli durch Raketen aus Gaza getötet, während Israel 78 Palästinenser tötete.

Die ganze Geschichte ist natürlich komplizierter und hässlicher. Die erste Aktion der Operation »Wolkensäule« war die Ermordung von Ahmad Jabari. Aluf Benn, Chefredakteur der Tageszeitung *Haaretz*, nennt ihn Israels »Subunternehmer« und »Grenzwächter« im Gazastreifen, der dort mehr als fünf Jahre lang für Ruhe gesorgt hatte.

Der Vorwand für seine Ermordung war, dass Jabari in diesen fünf Jahren eine militärische Abteilung der Hamas mit Raketen aus dem Iran aufgebaut haben soll. Gershon Baskin, ein israelischer Friedensaktivist, der jahrelang an direkten Verhandlungen mit Jabari beteiligt war, darunter an den Plänen für die Freilassung des gefangenen israelischen Soldaten Gilad Schalit, liefert einen glaubwürdigeren Grund:

Er sagt, dass Jabari wenige Stunden vor seine Ermordung »einen Entwurf für einen dauerhaften Waffenstillstand mit Israel erhielt, der einen Mechanismus umfasste, den Waffenstillstand auch bei Spannungen oder Auseinandersetzungen zwischen Israel und den Fraktionen im Gazastreifen aufrechtzuerhalten.« Zu dem Zeitpunkt war auch ein Waffenstillstand in Kraft, den Hamas am 12. November ausgerufen hatte. Nach einem Bericht von Reuters nutzte Israel den Waffenstillstand offensichtlich aus, um die Aufmerksamkeit auf die Grenze mit Syrien zu lenken, in der Hoffnung, die Wachsamkeit der Hamas-Führung würde nachlassen und sie wäre leichter zu ermorden.

In all den Jahren wurde der Gazastreifen auf einem Niveau des nackten Überlebens gehalten und zu Lande, zur See und in der Luft belagert. Unmittelbar vor dem jüngsten Angriff berichtete die UNO, dass 40 Prozent der unentbehrlichen Arzneimittel und mehr als die Hälfte der unentbehrlichen medizinischer Ausrüstung nicht mehr lagernd waren.

Im November wurde das erste einer ganzen Reihe grausiger Fotos aus dem Gazastreifen veröffentlicht: Ein Arzt hält die verkohlte Leiche eines ermordeten Kindes im Arm. Und dieses Foto betraf mich persönlich. Der Arzt ist der Direktor des Krankenhauses von

Khan Yunis und Leiter der chirurgischen Abteilung. Ich hatte dieses Krankenhaus einige Wochen zuvor besucht.

In meinem Bericht über diese Reise gab ich auch seinen leidenschaftlichen Hilferuf nach dringend benötigten Medikamenten und chirurgischer Ausstattung wieder. Dies sind einige der Verbrechen der amerikanisch-israelischen Belagerung, an denen auch Ägypten mitschuldig ist.

Die Zahl der Opfer der Vorfälle im November entsprach dem üblichen Durchschnitt: mehr als 160 tote Palästinenser, darunter viele Kinder, und 6 tote Israelis.

Unter den Toten waren auch drei Journalisten. Die offizielle Rechtfertigung Israels war, dass »die Ziele Personen waren, die im Zusammenhang mit terroristischen Aktivitäten stehen.« Der Journalist David Carr schrieb über die »Hinrichtung« in der *New York Times*: »So weit ist es gekommen: Die Tötung von Journalisten wird mit einer vagen Phrase wie ›Zusammenhang mit terroristischen Aktivitäten‹ gerechtfertigt.«

Die ganze immense Zerstörung geschah im Gazastreifen. Israel setzte modernes militärisches Gerät aus den USA ein und konnte sich auf diplomatische Unterstützung aus den USA verlassen, darunter die übliche Intervention der USA, um zu verhindern, dass der Sicherheitsrat zu einem Waffenstillstand aufruft.

Mit jeder dieser Heldentaten verschlechtert sich das Image von Israel weltweit. Die Fotos und Videos des Grauens und der Zerstörungen sowie der Charakter des Konflikts lassen kaum etwas von der Glaubwürdigkeit der selbsternannten »menschlichsten Armee der Welt« übrig, zumindest unter Menschen, die davor nicht ihre Augen verschließen.

Auch für diesen Angriff wurden die üblichen Vorwände angeführt. Die wenig originellen Erklärungen der Täter in Israel und in Washington lassen wir ruhig beiseite. Doch selbst anständige Leute fragen, was Israel den tun soll, wenn mit einem Trommelfeuer aus

Raketen angegriffen wird. Das ist eine faire Frage, und es gibt klare Antworten.

Eine Antwort wäre, dass es sich an das Völkerrecht halten sollte, das den Einsatz von Gewalt ohne Genehmigung des Sicherheitsrates in genau einem Fall gestattet: aus Selbstverteidigung, nachdem der Sicherheitsrat über einen militärischen Angriff unterrichtet wurde, so lange, bis der Sicherheitsrat handelt – so steht es in Artikel 51 der UNO-Charta.

Israel kennt diese Bestimmung sehr gut, und berief sich beim Ausbruch des Krieges im Juni 1967 auf sie. Der Ruf Israels verhallte ungehört, als sich schnell herausstellte, dass Israel mit dem Angriff begonnen hatte. Im November dieses Jahres beschritt Israel diesen Weg nicht, da es wusste, was bei einer Debatte im Sicherheitsrat ans Tageslicht kommen würde.

Eine andere kurze Antwort wäre, dass Israel einem Waffenstillstand zustimmen sollte, was vor Beginn der Operation am 14. November durchaus möglich schien.

Es gibt auch Antworten, die weiter ausholen. Eine davon wird zufällig gerade in der aktuellen Ausgabe der Zeitschrift *National Interest* erörtert. Die Asienwissenschaftler Raffaello Pantucci und Alexandros Petersen beschreiben die Reaktion der chinesischen Regierung nach den Unruhen in der westchinesischen Provinz Xinjiang, »als Horden von Uiguren durch die Stadt marschierten und unschuldige Han-Chinesen zu Tode prügelten«.

Der chinesische Präsident Hu Jintao flog sofort in die Provinz, um das Ruder zu übernehmen; führende Beamte des Sicherheitsapparates wurden entlassen; und zahlreiche Entwicklungsprojekte wurden in Angriff genommen, um die Ursachen der Unruhen zu bekämpfen.

Auch im Gazastreifen wäre eine zivilisierte Reaktion möglich. Die USA und Israel könnten die grausamen und ununterbrochenen Angriffe beenden, die Grenzen öffnen und den Wiederaufbau ermöglichen – und es ist nicht wirklich vorstellbar, aber sie könnten auch Entschädigungszahlungen für die Jahrzehnte der Gewalt und Unterdrückung leisten.

In dem Waffenstillstandsabkommen hieß es, dass die Maßnahmen zur Beendigung der Belagerung und der Angriffe auf die Bewohner der Grenzgebiete »innerhalb von 24 Stunden nach Beginn des Waffenstillstandes in Angriff genommen werden« müssen.

Es gibt kein Anzeichen dafür, dass irgendwelche Schritte in diese Richtung unternommen werden. Es gibt auch keinerlei Anzeichen dafür, dass die USA und Israel bereit sind, die Trennung des Gazastreifens vom Westjordanland aufzuheben, die eine Verletzung der Abkommen von Oslo darstellt, dass sie die illegale Siedlungstätigkeit und die Bautätigkeit im Westjordanland beenden, die darauf abzielen, eine politische Lösung zu verhindern, oder dass sie in irgendeinem Aspekt von ihrer Obstruktionspolitik abrücken würden.

Der Tag wird kommen, und zwar hoffentlich bald, an dem die Welt den Appell von Raji Sourani, dem namhaften Menschenrechtsanwalt, erhört, den dieser an die Welt richtete, als wieder einmal Bomben auf die schutzlose Zivilbevölkerung im Gazastreifen herabregneten: »Wir fordern Gerechtigkeit und Rechenschaftspflicht. Wir träumen von einem normalen Leben in Freiheit und Würde.«

Die größte Bedrohung für den Weltfrieden

3. Januar 2013

Das *Wall Street Journal* schrieb in einem Artikel über die letzte Debatte im US-amerikanischen Wahlkampf: »Das einzige Land, das öfter (als Israel) erwähnt wurde, war der Iran, der von den meisten Ländern des Nahen Ostens als größte Bedrohung für die Sicherheit in der Region betrachtet wird.«

Die beiden Kandidaten waren sich einig, dass Atomwaffen in den Händen des Iran die größte Gefahr für die Region, wenn nicht der ganzen Welt seien, wie Romney explizit behauptete und damit eine weit verbreitete Ansicht vertrat.

Die beiden Kandidaten wetteiferten darin, ihre Treue zu Israel zu erklären, doch Vertreter Israels waren dennoch nicht zufrieden. Sie hatten sich »von Romney ›aggressivere‹ Aussagen erwartet«, schrieben die Journalisten.

Es reichte nicht aus, dass Romney forderte, dass man es dem Iran nicht gestatten dürfe, »den Punkt zu erreichen, an dem er Atomwaffen herstellen könnte«.

Auch die Araber waren unzufrieden, denn die arabischen Ängste vor dem Iran wurden »aus dem Blickwinkel der Sicherheit Israels erörtert anstatt aus dem Blickwinkel der Sicherheit der ganzen Region«, während arabische Anliegen weitgehend ignoriert wurden – das übliche Vorgehen.

Der Artikel im *Wall Street Journal* ging wie so viele andere Artikel über den Iran nicht auf kritische Fragen wie diese ein: Wer genau sieht den Iran als die größte Bedrohung? Und was meinen die Araber (und der Rest der Welt), was man gegen die Bedrohung unternehmen kann, wer auch immer die Bedrohung darstellt?

Die erste Frage ist leicht zu beantworten. Die »iranische Bedrohung« ist praktisch nur im Westen eine fixe Idee. Die arabischen Diktatoren teilen sie, aber nicht die Bevölkerung der arabischen Länder.

Zahlreiche Umfragen zeigen, dass die Bürger der arabischen Staaten den Iran zwar nicht mögen, ihn aber auch nicht als sehr ernste Gefahr sehen. Die Bedrohung geht für sie vielmehr von Israel und von den Vereinigten Staaten aus, und viele, in manchen Ländern die meisten Menschen, sind der Ansicht, dass Atomwaffen in den Händen des Iran ein Ausgleich dieser Bedrohung wären.

Selbst in den USA stimmen einige hochrangige Persönlichkeiten mit dieser Ansicht überein, darunter General Lee Butler, der ehemalige Vorsitzende des United States Strategic Command. Er sagte im Jahr 1998: »Es ist äußerst gefährlich, dass sich im Hexenkessel der Feindschaften, der auch als ›Naher Osten‹ bekannt ist« ein Land mit Atombomben bewaffnet, was »andere Länder dazu anregen würde, es ihm gleich zu tun.«

Noch gefährlicher ist die Strategie der atomaren Abschreckung, die Butler viele Jahre lang leitend mitgestaltet hatte. Diese Strategie, schrieb er im Jahr 2002, ist »ein Rezept für eine absolute Katastrophe«, und er forderte die Vereinigten Staaten sowie die anderen Atommächte auf, die Pflicht zu erfüllen, die sie mit der Unterzeichnung des Atomwaffensperrvertrags übernommen haben, nämlich »aufrichtige« Bemühungen zu unternehmen, das Übel der Atomwaffen abzuschaffen.

Im Jahr 1996 urteilte der Internationale Gerichtshof, dass die einzelnen Staaten rechtlich verpflichtet sind, diese Bemühungen ernsthaft zu verfolgen: »Es besteht die Pflicht, aufrichtig Verhandlungen zu führen und abzuschließen, die zu einer umfassenden atomaren Abrüstung unter strenger und wirksamer internationaler Kontrolle führen.« Im Jahr 2002 erklärte die Regierung George W. Bush, die Vereinigten Staaten seien nicht an diese Verpflichtung gebunden.

Eine große Mehrheit der Welt teilt offenbar die arabischen Ansichten über die iranische Bedrohung. Die Bewegung der Blockfreien unterstützt das Recht des Iran, Uran anzureichern, vehement, so wie unlängst bei ihrem Gipfel in Teheran letzten August.

Indien, der bevölkerungsreichste Mitgliedsstaat der Bewegung der Blockfreien, hat Wege gefunden, die drückenden Sanktionen der USA gegen den Iran im Finanzsektor zu umgehen. Pläne, den iranischen Hafen Chabahar, der mit indischer Unterstützung umgebaut wurde, über Afghanistan mit Zentralasien zu verbinden, gehen voran. Es wird berichtet, dass auch die Handelsbeziehungen ausgeweitet werden. Ohne den Druck vonseiten der USA würden sich diese natürlichen Beziehungen wahrscheinlich deutlich verbessern.

China, das Beobachterstatus bei der Bewegung der Blockfreien hat, unternimmt Ähnliches. China weitet seine Entwicklungsprojekte nach Westen aus, darunter Initiativen, die antike Seidenstraße von China nach Europa wieder herzustellen. Eine Hochgeschwindigkeitszugstrecke führt von China nach Kasachstan und weiter. Die Strecke wird wahrscheinlich bis nach Turkmenistan reichen, das reiche Energievorkommen hat, und wahrscheinlich bis in den Iran sowie in die Türkei und nach Europa.

China hat auch den großen Hafen Gwadar in Pakistan übernommen, so dass es Öl aus dem Nahen Osten übernehmen kann, ohne dass die Lieferanten die Straße von Hormus oder von Malakka passieren müssen, in denen sich der Schiffsverkehr staut und die von den USA kontrolliert werden. Die pakistanische Presse berichtet: »Rohölimporte aus dem Iran, den arabischen Golfstaaten und Afrika könnten von dem Hafen aus über Land nach Nordwestchina transportiert werden.«

Die Bewegung der Blockfreien wiederholte bei ihrem Gipfel in Teheran im August den alten Vorschlag, die Gefahr eines Atomkriegs im Nahen Osten durch die Einrichtung einer massenvernichtungswaffenfreien Zone zu verringern oder zu beenden. Das wäre selbstverständlich der direkteste und einfachste Weg, diese Gefahr zu überwinden. Fast die ganze Welt unterstützt ihn.

Letzten Monat gab es eine gute Gelegenheit, in diese Richtung weiterzuarbeiten, denn es war eine internationale Konferenz zu dem Thema in Helsinki geplant.

Es fand auch eine Konferenz statt, aber nicht die, die vorgesehen war. Nur eine alternative Konferenz fand statt, an der Nichtregierungsorganisationen teilnahmen. Gastgeberin war der Finnische Friedensverband. Die geplante internationale Konferenz wurde im November von Washington abgesagt, kurz nachdem der Iran seine Teilnahme zugesagt hatte.

Der offizielle Grund der Regierung Obama waren »politische Unruhen in der Region und die aufsässige Haltung des Iran zum Atomwaffensperrvertrag«, berichtete die Associated Press, sowie ein fehlender Konsens über »die Herangehensweise zu der Konferenz«. Der »fehlende Konsens« ist die offizielle Sprachregelung, die sich auf die Tatsache bezieht, dass die einzige Atommacht der Region, Israel, sich geweigert hatte, an der Konferenz teilzunehmen, und die Aufforderung zur Teilnahme als »Nötigung« bezeichnet hatte.

Die Regierung Obama hält anscheinend an ihrer alten Position fest, dass »die Bedingungen nicht gegeben sind, wenn nicht alle Länder der Region teilnehmen«. Die Vereinigten Staaten werden keine Maßnahmen gestatten, die Israels Atomanlagen internationalen Inspektionen unterziehen würden.

Sie werden auch keine Informationen über »Wesen und Ausmaß der atomaren Anlagen und Aktivitäten Israels« herausgeben.

Die Nachrichtenagentur des Emirats Kuweit berichtete sofort, dass »die Gruppe der arabischen Staaten und die Mitgliedsländer der Bewegung der Blockfreien übereingekommen sind, ihre Lobbyarbeit für eine Konferenz zur Gründung einer atomwaffen- bzw. massenvernichtungswaffenfreien Zone im Nahen Osten fortzusetzen.«

Letzten Monat verabschiedete die UNO-Vollversammlung

Resolution 174-6, in der Israel aufgefordert wird, dem Atomwaffensperrvertrag beizutreten. Dagegen stimmten die üblichen Verdächtigen: Israel, die Vereinigten Staaten, Kanada, die Marschallinseln, Mikronesien und Palau.

Einige Tage später führten die Vereinigten Staaten einen Atomwaffentest durch, wobei sie wieder einmal internationalen Inspektoren keinen Zutritt zum Testgebiet in Nevada gewährten. Der Iran protestierte, der Bürgermeister von Hiroshima und einige japanische Friedensgruppen ebenso.

Die Einrichtung einer atomwaffenfreien Zone erfordert natürlich die Mitarbeit der Atommächte: Im Nahen Osten wären dies die Vereinigten Staaten und Israel, die sich weigern. Dasselbe gilt auch anderswo: Ähnliche Zonen in Afrika und im Pazifik können nicht umgesetzt werden, weil die USA darauf bestehen, ihre Atomwaffenstützpunkte auf Inseln, die unter amerikanischer Kontrolle stehen, zu erhalten und aufzurüsten.

Während der NGO-Konferenz in Helsinki fand in New York ein Abendessen unter der Schirmherrschaft des Washington Institute for Near East Policy statt, einem Zweig der Israel-Lobby.

Laut einem begeisterten Bericht über dieses »Gala-Dinner« in der israelischen Presse versprachen Dennis Ross, Elliott Abrams und andere »ehemalige hochrangige Berater von Obama und von Bush« dem Publikum, dass »der Präsident nächstes Jahr (den Iran) angreifen wird, wenn die Diplomatie keinen Erfolg zeitigt« – was für ein attraktives Chanukka-Geschenk.

Die Amerikaner können kaum wissen, wie die Diplomatie wieder einmal versagt hat, und zwar aus einem einfachen Grund: In den Vereinigten Staaten wird praktisch nichts über den Weg zur Beendigung der »größten Bedrohung« berichtet, der auf der Hand liegt: die Einrichtung einer atomwaffenfreien Zone im Nahen Osten.

Wem gehört die Welt? (1)

5. Februar 2013

Aus: *Power Systems. Conversations on Global Democratic Uprisings and the New Challenges to US Empire.* Interviews mit David Barsamian, von Noam Chomsky.

David Barsamian: Der neue amerikanische Imperialismus unterscheidet sich in einem Punkt anscheinend erheblich von seiner älteren Ausgabe: Die USA befinden sich als wirtschaftliche Macht im Abstieg, und daher schwinden auch ihre politische Macht und ihr politischer Einfluss.

Noam Chomsky: Der Diskurs über einen amerikanischen Abstieg ist meines Erachtens mit Vorsicht zu genießen.

Die USA sind im Zweiten Weltkrieg wirklich zu einer Weltmacht geworden. Sie waren schon lange vor dem Krieg mit Abstand die weltgrößte Volkswirtschaft, doch in gewisser Weise waren sie nur eine Regionalmacht gewesen. Sie kontrollierten die westliche Hemisphäre und unternahmen einige Beutezüge in den Pazifik. Doch Großbritannien war die Weltmacht.

Der Zweite Weltkrieg änderte das. Die USA wurden zur dominierenden Weltmacht.

Die USA verfügten über die Hälfte des Reichtums der Welt. Die anderen Industriegesellschaften waren geschwächt oder zerstört. Die USA befanden sich in einer beispiellosen Position der Sicherheit. Sie kontrollierten ihre Hemisphäre und sowohl den Atlantik als auch den Pazifik mit einer gigantischen militärischen Streitmacht.

Das hielt sich natürlich nicht lange. Europa und Japan erholten sich, und Entkolonialisierungen fanden statt.

Im Jahr 1970 verfügten die USA »nur« mehr über etwa 25 Prozent des Reichtums der Welt und waren damit wieder ungefähr auf dem Anteil der 1920er Jahre. Sie waren immer noch die dominierende Weltmacht, aber nicht so wie im Jahr 1950. Seit 1970 war das ganze recht stabil, aber es gab natürlich Veränderungen.

Innerhalb der letzten zehn Jahre hat Lateinamerika zum ersten Mal seit fünfhundert Jahren, seit den spanischen und portugiesischen Eroberungen, begonnen, seine eigenen Probleme zu lösen. Es begann, sich zu vernetzen. Die einzelnen Länder waren früher sehr stark voneinander getrennt. Jedes war für sich getrennt auf den Westen orientiert, zunächst auf Europa und später auf die USA.

Diese Integration ist wichtig. Durch diese Integration ist es nicht so einfach, ein Land nach dem anderen abzuschießen. Die lateinamerikanischen Staaten können sich zur Verteidigung gegen eine äußere Macht zusammenschließen.

Eine weitere Entwicklung, die noch wichtiger und noch viel schwieriger ist, besteht darin, dass die einzelnen Länder Lateinamerikas beginnen, sich mit ihren gewaltigen inneren Problemen zu befassen. Lateinamerika, und besonders Südamerika, sollte mit seinen Ressourcen ein reicher Kontinent sein.

Lateinamerika verfügt über große Reichtümer, doch dieser ist sehr stark in den Händen einer kleinen, meist europäisierten und oft weißen Elite konzentriert, umgeben von extremer Armut und großem Elend. Es gibt einige Versuche, das zu ändern – das ist eine weitere Form der Integration –, und Lateinamerika löst sich etwas von der Kontrolle durch die USA.

Man hört viel von einer globalen Machtverschiebung: Indien und China werden die neuen Großmächte seien, die reichsten Mächte. Auch diese Behauptung ist mit Vorsicht zu genießen.

Viele Beobachter schreiben beispielsweise über die Verschuldung der USA und über die Tatsache, dass China einen großen Teil dieser Schuldentitel hält. Vor einigen Jahren hielt Japan den Großteil der

US-amerikanischen Schulden, doch nun hat China Japan in dieser Hinsicht überholt.

Außerdem sind die ganzen Prämissen in diesem Diskurs über den Abstieg der USA irreführend.

Wir haben gelernt, über eine Welt aus Staaten zu sprechen, die als in sich geschlossene Einheiten aufgefasst werden.

Unter den Theorien der internationalen Politikwissenschaft gibt es die »realistische« Schule, die sagt, dass wir in einer anarchischen Welt verschiedener Staaten leben, und dass diese Staaten ihre »nationalen Interessen« verfolgen. Das ist zu einem guten Teil ein Mythos. Es gibt einige gemeinsamen Interessen, zum Beispiel zu überleben.

Aber größtenteils haben die Menschen innerhalb eines Staates sehr unterschiedliche Interessen. Der Vorstandsvorsitzende von General Electric und der Hausmeister, der ihm den Boden wischt, haben nicht dieselben Interessen.

Ein Teil des Systems, der Doktrin in den Vereinigten Staaten ist die Vorspiegelung, dass wir alle eine große, glückliche Familie sind, dass es keine Spaltung in Klassen gibt, und dass alle in Harmonie zusammenarbeiten. Aber das ist grundlegend falsch.

Adam Smith sagte im 18. Jahrhundert, dass jene Menschen, die die Gesellschaft besitzen, die Politik machen: die »Händler und Fabrikanten«. Heute liegt die Macht bei den Finanzinstitutionen und multinationalen Konzernen.

Diese Institutionen sind daran interessiert, dass sich China entwickelt. Der Vorstandsvorsitzende von Walmart oder Dell oder Hewlett-Packard ist ganz begeistert, dass in China Arbeiter für ganz niedrige Löhne unter furchtbaren Bedingungen und mit wenigen Umweltauflagen für ihn werken.

Solange China dafür das bekommt, was man »Wirtschaftswachstum« nennt, funktioniert das.

In Wirklichkeit ist das chinesische Wirtschaftswachstum zum Teil ein Mythos. China ist im Wesentlichen ein Montagewerk. China ist ein wichtiges Exportland, aber während das US-amerikanische Handelsbilanzdefizit mit China gestiegen ist, ist jenes mit Japan, Taiwan und Korea gesunken. Der Grund dafür ist, dass ein regionales Produktionssystem entsteht.

Die entwickelteren Länder der Region – Japan, Singapur, Südkorea und Taiwan – bringen moderne Technologie, Einzelteile und Komponenten nach China, wo diese von billigen Arbeitskräften zu Waren zusammengesetzt werden, die wieder aus dem Land geschafft werden.

Und die US-amerikanischen Konzerne tun dasselbe: Sie bringen Teile und Komponenten nach China, wo sie von Menschen zusammengesetzt werden, und dann exportieren sie die Endprodukte. Das alles zählt zu den chinesischen Exporten, aber in vielen Fällen handelt es sich um Exporte in die Region, und in anderen Fällen sind es US-amerikanische Firmen, die Waren aus China in die USA exportieren.

Wenn man die Prämisse der Nationalstaaten als einheitliche Körperschaften ohne innere Spaltungen überwindet, dann sieht man, dass es eine globale Machtverschiebung gibt, aber es ist eine Machtverschiebung von den Arbeitskräften der Welt hin zu den Besitzern der Welt: dem transnationalen Kapital und globalen Finanzinstitutionen.

Würde und Gewalt in Palästina

1. April 2013

Dieses Kapitel ist eine Bearbeitung des Edward-Said-Gedenkvortrages, den Noam Chomsky am 18. März 2013 in London gehalten hat.

Der schwedische Romanautor Henning Mankell beschreibt ein Erlebnis, das er vor 25 Jahren in Mosambik während des grauenhaften Bürgerkriegs hatte: Ein Mann in zerlumpter Kleidung kam auf ihn zu.

»Was ich erblickte, werde ich mein Lebtag nicht vergessen: Ich habe es beim Schreiben stets vor Augen«, schreibt Mankell. »Ich sah seine Füße. Er hatte Schuhe auf seine Füße gemalt. Mit Erdfarben. Das war die letzte Möglichkeit für ihn, seine Würde zu bewahren.«

Solche Beschreibungen rufen bei jedem, der Grausamkeit und Erniedrigung erlebt hat, die überall existieren, schmerzliche Erinnerungen hervor. Eine meiner derartigen Erinnerungen – eine von sehr, sehr vielen – ist der Gazastreifen, den ich letzten Oktober zum ersten Mal besuchen konnte.

Die Gewalt trifft auf den festen Widerstand der *»Samidin«* – jener, die aushalten, um den treffenden Begriff von Raja Shehadeh aus seinen Memoiren *The Third Way* über das Leben der Palästinenser unter der Besatzung vor dreißig Jahren zu verwenden.

Bei meiner Heimkehr erwarteten mich die Berichte über den israelischen Angriff auf den Gazastreifen im November, der wie üblich von den Vereinigten Staaten unterstützt und von Europa höflich geduldet wurde.

Israel ist nicht der einzige Gegner des Gazastreifens. Die südliche Grenze des Gazastreifens ist im Wesentlichen unter der Kontrolle der gefürchteten ägyptischen Geheimpolizei, der Muchabarat, die nach glaubwürdigen Berichten enge Verbindungen mit dem CIA und mit dem israelischen Mossad unterhält.

Erst letzten Monat schickte mir ein junger Journalist aus dem Gazastreifen einen Artikel über den jüngsten Angriff der ägyptischen Regierung auf die Bevölkerung des Gazastreifens.

Diese ist eingesperrt und leidet unter einer brutalen Belagerung und ständigen Angriffen. Eine Lebensader ist ein Tunnelnetzwerk nach Ägypten. Nun hat die ägyptische Regierung sich eine neue Methode ausgedacht, die Tunnel zu unterbrechen: Sie haben sie mit Abwässern geflutet.

Gleichzeitig berichtet die israelische Menschenrechtsgruppe B'Tselem von einer neuen Methode, mit der die israelische Armee gegen die wöchentlichen gewaltfreien Proteste gegen die illegale israelische Trennmauer – in Wirklichkeit eine Annexionsmauer – vorgeht.

Die *Samidin* haben geschickte Methoden entwickelt, mit Tränengas umzugehen, also hat die Armee eine Steigerung eingeführt und bespritzt Demonstranten und deren Häuser mit einer Flüssigkeit, die so erbärmlich stinkt wie Abwasser.

Diese Angriffe sind ein weiterer Beweis dafür, dass große Geister ähnlich denken, so wie sie kriminelle Unterdrückung mit Erniedrigung kombinieren.

Die Tragödie des Gazastreifens geht auf das Jahr 1948 zurück, als Hunderttausende Palästinenser in Angst und Schrecken aus ihren Häusern nach Gaza flohen oder von den israelischen Truppen bei ihren Eroberungen nach Gaza vertrieben wurden.

Premierminister David Ben-Gurion meinte: »Den Arabern im Land Israel bleibt nur mehr eine einzige Aufgabe: wegzulaufen.«

Es ist bemerkenswert, dass die größte Unterstützung für Israel auf internationaler Ebene heute vonseiten der Vereinigten Staaten, Kanada und Australien kommt, den sogenannten angelsächsischen Ländern – kolonialen Siedlergesellschaften, die auf der Ausrottung oder Vertreibung einheimischer Bevölkerungen zugunsten einer höher stehenden Rasse beruhen und in denen solches Verhalten als selbstverständlich und lobenswert gilt.

Der Gazastreifen ist seit Jahrzehnten ein Schaufenster für Gewalt aller Art. Die Protokolle enthalten sorgfältig geplante Gräueltaten wie die Operation »Gegossenes Blei« im Jahr 2008/2009 – die norwegischen Ärzte Mads Gilbert und Erik Fosse, die auch während des kriminellen Angriffes gemeinsam mit ihren palästinensischen und norwegischen Kollegen am Al-Shifa-Krankenhaus in Gaza arbeiteten, nannten sie »Kindermord«. Das Wort ist treffend angesichts der Tatsache, dass Hunderte Kinder abgeschlachtet wurden.

Die Gewalttaten umfassen praktisch jede Grausamkeit, die die Menschen mit ihren höheren geistigen Fähigkeiten ersonnen haben, darunter das Leid des Exils.

Das Leid ist im Gazastreifen besonders augenfällig, denn ältere Menschen können dort immer noch über die Grenze in Richtung der Häuser sehen, aus denen sie vertrieben wurden, bzw. sie könnten über die Grenze sehen, wenn sie sich der Grenze nähern könnten, ohne erschossen zu werden.

Eine Form der Bestrafung ist es, dass Israel einen größeren Teil des Grenzgebietes innerhalb des Gazastreifens abgeriegelt und in eine Pufferzone verwandelt hat. Diese umfasst laut Sara Roy von der Universität Harvard, einer führenden Spezialistin für Gaza, die Hälfte des landwirtschaftlich nutzbaren Landes im Gazastreifen.

Gaza ist ein Musterbeispiel für die menschliche Gewaltbereitschaft, aber auch ein inspirierendes Vorbild für die Forderung nach Menschenwürde.

Ghada Ageel, eine junge Frau, die aus dem Gazastreifen nach Kanada entkommen ist, schreibt über ihre 87 Jahre alte Großmutter, die aus Beit Daras in den Gazastreifen vertrieben worden war und noch immer dort festsitzt. Bevor sie vertrieben und das Dorf zerstört wurde, »besaß sie Haus, Hof und Land und hatte Ehre, Würde und

Hoffnung«. Es ist unglaublich, dass die alte Frau, so wie die Palästinenser im Allgemeinen, die Hoffnung nicht aufgegeben hat.

»Als ich meine Großmutter im November 2012 sah, war sie ungewöhnlich fröhlich«, schreibt Ageel. »Ich war überrascht und fragte sie nach dem Grund. Sie sah mich an und sagte zu meiner Überraschung, dass sie sich keine Sorgen mehr mache« über ihr Heimatdorf und das würdige Leben, das sie unwiederbringlich verloren hatte.

Das Dorf, sagte die Großmutter zu Ageel, »ist in deinem Herzen, und außerdem weiß ich, dass du auf deinem Weg nicht allein bist. Lass den Kopf nicht hängen. Es wird schon.«

Die mit dem Knüppel in der Hand verstehen die Suche nach Menschenwürde instinktiv, und sie wissen, dass abgesehen von Gewalt die Erniedrigung der beste Weg ist, die menschliche Würde zu untergraben. In den Gefängnissen geht das in Fleisch und Blut über.

Auch die gängige Praxis in den israelischen Gefängnissen steht wieder einmal auf dem Prüfstand. Im Februar starb Arafat Jaradat, ein dreißigjähriger Tankwart, in israelischer Haft. Die Umstände seines Todes könnten einen weiteren Aufstand auslösen.

Jaradat wurde in seinem eigenen Haus um Mitternacht verhaftet (eine günstige Zeit, um auch seine Familie einzuschüchtern). Er wurde angeklagt, einige Monate zuvor, während des israelischen Angriffes auf den Gazastreifen im November, Steine und einen Molotowcocktail geworfen zu haben.

Bei seiner Verhaftung war Jaradat ein gesunder Mann. Der letzte, der ihn lebendig sah, war sein Anwalt, vor Gericht, und er beschrieb ihn als »gebrochen, verängstigt, verwirrt und eingefallen«.

Das Gericht verlängerte die Untersuchungshaft um weitere zwölf Tage. Jaradat wurde tot in seiner Zelle gefunden.

Die Journalistin Amira Hass schreibt: »Die Palästinenser brauchen keine israelische Untersuchung. Für sie geht der Tod von Jaradat weit über die Tragödie hinaus, die er und seine Familie erlitten haben. Nach ihrer Erfahrung ist der Tod von Jaradat … ein Beweis, dass das israelische System routinemäßig Folter einsetzt. Nach ihrer Erfahrung ist das Ziel der Folter nicht nur, die Verurteilung einer Person zu erreichen, sondern vor allem, ein ganzes Volk abzuschrecken und zu unterwerfen.«

Die Mittel dazu sind Erniedrigung, Schikane und Terror – bekannte Merkmale der Unterdrückung im eigenen Land und nach außen.

Die Notwendigkeit, jene zu erniedrigen, die es wagen, ihr Haupt zu erheben, ist ein unauslöschlicher Bestandteil der Herrschermentalität.

Im Fall von Israel und Palästina besteht seit Langem ein praktisch einhelliger internationaler Konsens über eine diplomatische Lösung, die seit 35 Jahren mit stillschweigender Zustimmung Europas von den Vereinigten Staaten verhindert wird.

Verachtung für die wertlosen Opfer ist ein nicht unerhebliches Hindernis für eine Einigung, die wenigstens eine Spur an Gerechtigkeit und Achtung von Menschenwürde und -rechten miteinschließt.

Es ist nicht unvorstellbar, dass dieses Hindernis mit großem Engagement überwunden werden kann, so wie es anderswo gelungen ist.

Solange die Mächtigen nicht fähig sind, die Würde der Opfer anzuerkennen, sind die Hindernisse unüberwindbar, und die Welt wird weiter zu Gewalt, Grausamkeit und bitterem Leid verurteilt sein.

Nach dem Anschlag von Boston

1. Mai 2013

Der April ist in Neuengland ein ungewöhnlich heiterer Monat: Die ersten Zeichen des Frühlings sind da, und der strenge Winter ist endlich vorüber. Nicht dieses Jahr.

Kaum jemand in Boston war nicht in irgendeiner Weise von den Bombenanschlägen auf den Marathon am 15. April und der darauffolgenden angespannten Woche betroffen. Mehrere Freunde von mir waren in der Nähe des Zieleinlaufes, als die Bomben explodierten. Andere wohnen in der Nähe der Stelle, wo Dschochar Zarnajew, der zweite Verdächtige, verhaftet wurde. Der junge Polizist Sean Collier wurde genau vor meinem Büro ermordet.

Privilegierte Menschen im Westen sehen kaum jemals mit eigenen Augen, was vielen anderen täglich widerfährt – zum Beispiel in einem entlegenen Dorf im Jemen in derselben Woche wie der Anschlag auf den Boston-Marathon.

Am 23. April sagte Farea al-Muslimi, ein jemenitischer Aktivist und Journalist, der Schüler an einer High School in den USA gewesen war, vor einem Ausschuss des Senates aus, wie ein Drohnenangriff in seinem Heimatdorf im Jemen jemanden tötete.

Der Angriff versetzte die Dorfbewohner in Angst und Schrecken und machte sie zu Feinden der Vereinigten Staaten – was den Dschihad-Anhängern mit jahrelanger Propaganda nicht gelungen war.

Seine Nachbarn hatten die USA bewundert, sagte al-Muslimi vor dem Ausschuss, »aber jetzt kommt ihnen, wenn sie an Amerika denken, die Angst vor den Drohnen, die über ihnen kreisen, in den Sinn. Was den Extremisten in meinem Dorf bis dahin nicht gelungen war, schaffte ein Drohnenangriff in einem kurzen Augenblick auf Anhieb.«

Das ist wohl ein weiterer Triumph, den das weltweite Mordprogramm von Präsident Obama einheimsen kann. Diese Ermordungen rufen mehr Hass gegen die Vereinigten Staaten hervor und erzeugen mehr Gefahren für ihre Staatsbürger, als sie Menschen eliminieren, die im Verdacht stehen, sie könnten uns irgendwann einmal gefährlich werden.

Das Ziel des Mordanschlages in dem jemenitischen Dorf – der so ausgeführt wurde, dass er ein Höchstmaß an Angst und Schrecken unter der Bevölkerung hervorrief – war ein bekannter Mann, den man leicht verhaften hätte können, sagte al-Muslimi. Das ist ein weiteres typisches Merkmal der weltweiten Terroroperationen.

Es gab keine direkte Möglichkeit, die Morde in Boston zu verhindern. Es gibt mehrere einfache Möglichkeiten, zukünftige Anschläge zu verhindern: indem man nicht dazu aufhetzt. Das gilt auch für einen anderen Fall, in dem ein Verdächtiger ermordet und seine Leiche ohne Autopsie beseitigt wurde, obwohl man ihn leicht verhaften und vor Gericht stellen hätte können: Osama bin Laden.

Auch dieser Mord blieb nicht ohne Folgen. Um bin Laden aufzuspüren, begann der CIA in einem armen Viertel eine betrügerische Impfkampagne, brach sie ab und verlagerte sie in ein reicheres Viertel, wo man den Verdächtigen vermutete.

Die CIA-Operation verstieß gegen Grundprinzipien, die so alt sind wie der Hippokratische Eid. Sie brachte auch das Gesundheitspersonal in Gefahr, das mit einer Impfaktion gegen Kinderlähmung in Pakistan in Verbindung gebracht wird. Mehrere Ärzte und Krankenpfleger wurden entführt und getötet, worauf die UNO ihr Polio-Team abzog.

Die Finte des CIA wird auch zum Tod einer unbestimmten Anzahl von Pakistanern führen, die jetzt nicht vor der Kinderlähmung geschützt sind, weil sie fürchten, dass unter dem Deckmantel von Impfaktionen womöglich noch immer ausländische Mörder unterwegs sind.

Leslie Roberts, ein Gesundheitsexperte von der Columbia University, schätzt, dass dieser Zwischenfall 100 000 Polio-Fälle zur Folge haben könnte. Er meinte in einem Interview mit dem *Scientific American*, dass »die Leute jetzt sagen, dass diese Krankheit, dieses verkrüppelte Kind davon kommt, dass die USA so verrückt danach waren, Osama bin Laden zu fangen«.

Und sie könnten, so wie Opfer es manchmal tun, in einer Art und Weise reagieren, die ihren Peinigern Fassungslosigkeit und Entsetzen bringt.

Noch viel ernstere Folgen wurden nur knapp verhindert. Die Spezialeinheit der US-amerikanischen Marineinfanterie hatte den Befehl, sich falls nötig den Rückzug zu erkämpfen. Pakistan hat eine gut ausgebildete Armee, die auf die Verteidigung ihres Landes eingeschworen ist. Wären die Invasoren gestellt worden, hätte Washington sie nicht ihrem Schicksal überlassen, sondern die ganze Macht der US-amerikanischen Mordmaschinerie wäre wohl eingesetzt worden, um sie herauszuholen, was zu einem Atomkrieg führen hätte können.

Es gibt eine lange Reihe an äußerst lehrreichen historischen Beispielen dafür, dass staatliche Behörden bereit sind, das Leben und Schicksal ihrer Bevölkerung für ihre politischen Ziele aufs Spiel zu setzen, nicht zuletzt im mächtigsten Land der Welt. Wir ignorieren das auf unsere eigene Gefahr.

Das sollten wir nicht weiter tun. Das Buch *Dirty Wars. The World Is a Battlefield* des Enthüllungsjournalisten Jeremy Scahill schafft Abhilfe. Scahill beschreibt in allen grausigen Details die Auswirkungen vor Ort von US-amerikanischen Militäreinsätzen, Terrorangriffen aus der Luft (Drohnen) und die Heldentaten der geheimen Armee der Exekutive, des Joint Special Operations Command (JSOC), das unter Präsident George W. Bush zügig ausgebaut wurde und nun das Mittel der Wahl von Präsident Obama ist.

Dabei ist die kluge Feststellung des Autors und Aktivisten Fred Branfman im Auge zu behalten, der praktisch im Alleingang das wahre Ausmaß der Gräuel aufdeckte, die die USA in ihren »geheimen Kriegen« ab den 1960er Jahren in Laos und anderen Ländern verübt hatten.

Angesichts der Mordmaschinen, der Drohnen, über die das JSOC und der CIA heute verfügen, erinnert uns Branfman an die Aussage von Monteagle Stearns, der von 1969 bis 1972 US-amerikanischer Gesandter in Laos war, vor dem Senat im Jahr 1969.

Auf die Frage, warum die USA ihre Bombardierungen drastisch ausweiteten, nachdem Präsident Johnson im November 1968 die Einstellung der Bombardierungen gegen Nordvietnam angeordnet hatte, sagte Stearns: »Nun, wir hatten da all diese Flugzeuge herumstehen und konnten sie nicht einfach untätig lassen« – also verwenden wir sie dazu, arme Bauern in entlegenen Dörfern von Laos zu vertreiben, die sich zum Überleben in Höhlen verkriechen müssen, worauf wir mit unserer modernen Technik auch noch in ihre Höhlen eindringen.

JSOC und die Drohnen sind eine Terrormaschinerie, die sich selbst fortpflanzt, die wachsen und sich ausbreiten wird und sich dabei neue potenzielle Ziele schafft, während sie sich über die Welt verbreitet. Und die Regierung wird sie »nicht einfach untätig lassen« wollen.

Es kann nicht schaden, sich an eine weitere historische Episode zu erinnern, vom Anbruch des 20. Jahrhunderts.

Der Historiker Alfred McCoy befasst sich in seinem Buch *Policing America's Empire: The United States, the Philippines and the Rise of the Surveillance State* eingehend damit, wie die USA nach einer Invasion, die Hunderttausende mit Barbarei und Folter tötete, die Philippinen befriedeten.

Die Eroberer richteten ein gefinkeltes System zur Überwachung und Kontrolle ein, benutzen die modernste Technik jener Zeit, um den Gehorsam der Bevölkerung sicherzustellen. Das hatte Folgen für die Philippinen, die bis in die Gegenwart reichen.

Und wie McCoy zeigt, dauerte es nicht lange, bis diese Erfolge auch im eigenen Land angewendet wurden. Ähnliche Methoden wurden zur Kontrolle der heimischen Bevölkerung eingesetzt – zwar in abgeschwächten Versionen, die jedoch auch nicht sehr appetitlich waren.

Das ist auch jetzt zu erwarten. Die Gefahren, die von einem Machtmonopol, vor allem innerhalb der Staatsführung, ausgehen, das nicht überwacht und nicht geregelt wird, sind nichts Neues. Die angemessene Reaktion ist nicht passive Duldung.

Schuldspruch in Guatemala

3. Juni 2013

Zum Muttertag am 12. Mai brachte der *Boston Globe* ein Foto einer jungen Maya-Frau mit ihrem kleinen Sohn, der in ihren Armen schlief.

Die Frau hatte während ihrer Schwangerschaft sechsmal die Grenze in die USA überquert und war jedes Mal aufgegriffen und zurück über die Grenze verfrachtet worden.

Sie hatte einem langen Weg mit glühend heißen Tagen und eiskalten Nächten ohne Wasser und Unterkunft, unter umherstreifenden Räubern getrotzt. Bei ihrem siebenten Versuch war sie sieben Monate schwanger und wurde von Aktivisten, die sich für Einwanderer einsetzen, gerettet. Sie halfen ihr, sich nach Boston durchzuschlagen.

Die meisten Grenzgänger stammen aus Mittelamerika. Viele von ihnen sagen, sie wären lieber zu Hause geblieben, wenn nicht die Chancen eines menschenwürdigen Überlebens dort zunichte gemacht worden wären. Mayas wie diese junge Mutter fliehen noch immer aus den Trümmern des Völkermordes an der indigenen Bevölkerung des Hochlandes von Guatemala vor dreißig Jahren.

Der Haupttäter, General Efraín Ríos Montt, der ehemalige Diktator, der während zwei der blutigsten Jahre des jahrzehntelangen Bürgerkrieges über Guatemala herrschte, wurde von einem guatemaltekischen Gericht am 10. Mai wegen Völkermordes und Verbrechen gegen die Menschlichkeit verurteilt.

Zehn Tage später wurde das Urteil unter verdächtigen Umständen aufgehoben. Es ist noch nicht klar, ob der Prozess weitergehen wird.

Die Truppen von Ríos Montt töteten allein im Jahr 1982 zehntausende Guatemalteken, vor allem Mayas.

Als jenes blutige Jahr zu Ende ging, versicherte Präsident Reagan den Amerikanern, dass der Mörder »ein Mann großer persönlicher Integrität und von Engagement« sei, der von den Menschenrechtsorganisationen »zu Unrecht eine aufs Dach kriegt« und der »die Lebensqualität aller Guatemalteken verbessern und soziale Gerechtigkeit fördern will«. Deshalb, so der Präsident, »wird meine Regierung tun, was sie kann, um seine fortschrittlichen Bemühungen zu unterstützen«.

Washington hatte umfangreiche Beweise für Ríos Montts »fortschrittliche Bemühungen«, nicht nur vonseiten der Menschenrechtler, sondern auch vonseiten seiner eigenen Geheimdienste.

Die Wahrheit war jedoch nicht willkommen. Sie kam den Zielen in die Quere, die Reagans Team für die nationale Sicherheit im Jahr 1981 festgelegt hatte. Der Journalist Robert Parry berichtete anhand eines Dokuments, das er in der Reagan-Bibliothek gefunden hatte, dass es das Ziel dieser Leute war, dem rechtsextremen Regime in Guatemala Militärhilfe zukommen zu lassen, um nicht nur »marxistische Guerillas«, sondern auch ihre »Unterstützungsstrukturen unter der Zivilbevölkerung« auszurotten – und das läuft auf einen Völkermord hinaus.

Die Aufgabe wurde mit großem Einsatz erledigt. Reagan schickte den Mördern »nicht tödliche« Ausrüstung, darunter Bell-Hubschrauber, die sofort mit Waffen bestückt und auf ihre Mord- und Zerstörungsmissionen geschickt wurden.

Die wirksamste Methode war jedoch, ein Netzwerk an Vasallenstaaten heranzuziehen, das diese Aufgaben übernahm, darunter Taiwan und Südkorea, wo noch immer von den USA unterstützte Diktaturen herrschten, sowie Südafrika unter dem Apartheidregime und die Diktaturen in Argentinien und in Chile.

An vorderster Front stand Israel, das der wichtigste Waffenlieferant für Guatemala wurde. Israel stellte die Ausbildner für die Mörder und nahm an den Operationen zur Aufstandsbekämpfung teil.

Es lohnt sich, die Hintergründe zu wiederholen. Im Jahr 1954 wurde ein zehn Jahre langes demokratisches Zwischenspiel in Guatemala – »die Jahre des Frühlings«, wie man sie dort nennt – durch einen CIA-Putsch beendet, der die barbarische Oberschicht wieder an die Macht hievte.

In den 1990er Jahren berichteten internationale Organisationen, welche die Kämpfe untersucht hatten, dass seit 1954 in Guatemala etwa 200 000 Menschen getötet worden waren, davon 80 Prozent Indigene. Die Mörder stammten vor allem aus den Reihen der guatemaltekischen Sicherheitskräfte und mit ihnen eng verbundenen Paramilitärs.

Die Gräueltaten wurden mit tatkräftiger Unterstützung und Beteiligung der USA begangen. Einer der üblichen Vorwände – es herrschte der Kalte Krieg – war, dass Guatemala ein russischer »Brückenkopf« in Lateinamerika sei.

Auch die tatsächlichen Ursachen, für die es umfangreiches Beweismaterial gibt, waren die üblichen: Sorgen um die Interessen US-amerikanischer Investoren, und die Angst, dass ein demokratisches Experiment, dass die brutal unterdrückte Mehrheit der bäuerlichen Bevölkerung einen »Virus« darstellen könnte, der »sich durch Ansteckung verbreiten« könnte, wie Henry Kissinger es in Bezug auf das demokratisch-sozialistische Chile unter Salvador Allende wohlüberlegt formulierte.

Reagans mörderischer Angriff gegen Mittelamerika beschränkte sich natürlich nicht auf Guatemala. In den meisten Ländern der Region waren die Terroristen Sicherheitskräfte der Regierung, die von Washington bewaffnet und ausgebildet worden waren.

Nur in einem Land nicht: Nikaragua. Nikaragua hatte eine Armee, die ihre Bevölkerung verteidigte.

Reagan musste für den Kampf daher rechtsextreme Guerillakräfte organisieren.

Im Jahr 1986 verurteilte der Internationale Gerichtshof im Fall Nikaragua gegen die Vereinigten Staaten letztere wegen

»ungesetzlicher Gewaltanwendung« in Nikaragua und ordnete Entschädigungszahlungen an. Die Antwort der Vereinigten Staaten auf den Gerichtsbeschluss war eine Eskalation des Stellvertreterkrieges.

Das Südkommando der US-Armee befahl ihren Guerillas, praktisch schutzlose Zivilisten anzugreifen, anstatt gegen die nikaraguanische Armee »anzutreten«, wie General John Gavin vom Südkommando im Jahr 1987 vor dem Kongress aussagte.

Menschenrechtsorganisationen (genau dieselben, die dem Völkermörder Ríos Montt eins aufs Dach gaben) hatten den Krieg in Nikaragua schon seit Langem verurteilt und protestierten lautstark gegen die Taktik des Südkommandos, »weiche Ziele« anzugreifen.

Der amerikanische Journalist Michael Kinsley tadelte die Menschenrechtsorganisationen dafür, dass sie so aus der Rolle fielen. Er erklärte, dass eine »sinnvolle Politik ... einer Kosten-Nutzen-Rechnung standhalten« müsse, bei der man ausrechnet, »wie viel Blut und Elend man hineinstecken muss, und wie groß die Wahrscheinlichkeit ist, dass am anderen Ende Demokratie herauskommt«.

Natürlich kommt es uns Amerikanern zu, diese Rechnung anzustellen – vermutlich dank unseres angeboren Edelmutes und unserer glanzvollen Geschichte seit jenen Tagen, als der Kontinent von der Plage seiner Urbevölkerung gesäubert wurde.

Das Wesen der »Demokratie, die herauskommt«, war offensichtlich. Thomas Carothers, der führende Wissenschaftler zum Thema »Förderung von Demokratie«, der unter Reagan im Außenministerium an solchen Projekten gearbeitet hatte, beschreibt es genau:

Carothers kommt mit Bedauern zu dem Schluss, dass der Einfluss der USA indirekt proportional zum demokratischen Fortschritt in Lateinamerika war, da Washington nur »begrenzte Reformen von oben, die nicht Gefahr laufen, die überkommenen Machtstrukturen der recht undemokratischen Gesellschaften, mit denen die Vereinigten Staaten seit Langem verbündet sind, zu beeinträchtigen«, zuließ.

Das hat sich seitdem nicht geändert.

Im Jahr 1999 entschuldigte sich Präsident Clinton für die amerikanischen Verbrechen in Guatemala, aber getan wurde nichts.

Es gibt durchaus Länder, die mehr tun, als leere Entschuldigungen abzugeben.

Guatemala hat trotz seiner andauernden Probleme in beispielloser Weise ein ehemaliges Staatsoberhaupt für seine Verbrechen vor Gericht gestellt. Daran mögen wir uns am zehnten Jahrestag der Invasion der USA gegen den Irak erinnern.

Vielleicht ebenso beispiellos ist ein Artikel von Elisabeth Malkin in der *New York Times* unter dem Titel »Prozess über Bürgerkriegsmassaker in Guatemala lässt Rolle der USA aus«. Selbst ein Geständnis der eigenen Verbrechen ist äußerst selten.

Selten bis inexistent sind Handlungen, die einige der katastrophalen Folgen lindern könnten, zum Beispiel dass die Vereinigten Staaten die Entschädigungszahlungen an Guatemala leisten würden, die der Internationale Gerichtshof angeordnet hat. Dass dies nicht geschieht ist ein Zeichen für die Kluft, die uns davon trennt, was eine zivilisierte Gesellschaft wäre.

Wem gehört die Welt? (2)

4. Juli 2013

Dieses Kapitel ist eine Bearbeitung einer Festrede, die Noam Chomsky am 14. Juni 2013 an der American University of Beirut gehalten hat.

Da sich nur wenige Meilen von hier herzzerreißende Tragödien abspielen und schlimmere Katastrophen womöglich noch bevorstehen, mag es unrecht oder gar grausam erscheinen, die Aufmerksamkeit auf andere Aussichten zu lenken, die zwar abstrakt und ungewiss sind, jedoch einen Weg in eine bessere Welt aufzeigen – und das nicht erst in ferner Zukunft.

Ich bin schon mehrmals im Libanon gewesen und habe Augenblicke großer Hoffnung erlebt, und auch tiefe Verzweiflung, in die sich aber stets der bemerkenswerte Wille des libanesischen Volkes mischte, sie zu überwinden und voranzukommen.

Mein erster Besuch – wenn dass der richtige Ausdruck ist – war exakt vor sechzig Jahren, fast auf den Tag genau. Meine Frau und ich waren eines Abends auf einer Wanderung in Israel, im Norden von Galiläa unterwegs, als auf einer Straße in der Nähe ein Jeep an uns vorüberfuhr und jemand uns zurief, dass wir umkehren sollten: Wir waren im falschen Land. Wir hatten aus Versehen die Grenze überschritten, die damals nicht markiert war und jetzt, vermute ich, vor Befestigungen und Waffen strotzt.

Es war ein kleiner Zwischenfall, doch er birgt eine wichtige Lektion: Die Legitimität von Grenzen – im Grunde auch von Staaten – ist bestenfalls bedingt und vorübergehend.

Fast alle Grenzen wurden gewaltsam gezogen, werden gewaltsam aufrechterhalten und sind recht willkürlich. Die Grenze zwischen dem Libanon und Israel wurde vor mehr als einem Jahrhundert durch das Sykes-Picot-Abkommen festgelegt, welches das ehemalige Osmanische Reich in Einflusssphären des britischen und des französischen Imperialismus aufteilte, ohne Rücksicht auf die Leute, die da zufällig lebten, oder auch nur auf die landschaftlichen Gegebenheiten. Die Grenze hat keinen Sinn, und deshalb geschah es so leicht, dass man sie unabsichtlich überquerte.

Wenn man die schrecklichen Konflikte auf der Welt Revue passieren lässt, wird klar, dass fast alle Überbleibsel imperialistischer Verbrechen sowie jener Grenzen sind, welche die Großmächte in ihrem eigenen Interesse gezogen hatten.

Die Paschtunen haben beispielsweise nie die Rechtmäßigkeit der Durand-Linie anerkannt, die von Großbritannien gezogen wurde, um Pakistan von Afghanistan zu trennen. Auch keine afghanische Regierung hat sie jemals anerkannt. Es ist im Interesse der heutigen imperialistischen Mächte, Paschtunen, welche die Durand-Linie überschreiten, »Terroristen« zu nennen, damit US-amerikanische Drohnen und Spezialeinheiten mörderische Angriffe gegen ihre Häuser unternehmen können.

Kaum eine Grenze auf der Welt ist so schwer mit gefinkelter Technik bewacht und ist Gegenstand derart leidenschaftlicher Reden und Artikel wie jene, die Mexiko von den Vereinigten Staaten trennt, zwei Länder mit freundschaftlichen diplomatischen Beziehungen.

Diese Grenze wurde im 19. Jahrhundert durch einen US-amerikanischen Angriffskrieg gezogen. Bis 1994 war sie relativ durchlässig. Dann begann Präsident Clinton die Operation »Türhüter« und militarisierte sie.

Bis dahin hatten viele Menschen sie regelmäßig passiert, um Verwandte und Freunde zu besuchen. Die Operation »Türhüter« war wahrscheinlich von einem anderen Ereignis in jenem Jahr motiviert:

der Verhängung des Nordamerikanischen Freihandelsabkommens (NAFTA), eine Fehlbezeichnung, was das Wort »Freihandel« betrifft.

Die Regierung Clinton verstand zweifellos, dass mexikanische Bauern, so tüchtig sie auch sein mögen, nicht mit dem hoch subventionierten US-amerikanischen Landwirtschaftskonzernen mithalten konnten, und dass mexikanische Unternehmen nicht mit den US-amerikanischen multinationalen Konzernen mithalten konnten, denen nach den NAFTA-Regeln besondere Privilegien wie die »Behandlung als Einheimische« in Mexiko zustehen. Diese Maßnahmen mussten notgedrungen zu einem Strom von Immigranten über die Grenze führen.

Einige Grenzen verschwinden gemeinsam mit dem grausamen Hass und den Konflikten, die sie symbolisieren und inspirieren. Das eindrücklichste Beispiel ist Europa. Europa war jahrhundertelang die barbarischste Gegend der Welt, zerrissen von scheußlichen und verheerenden Kriegen. Europa entwickelte die Technologie und die Kultur des Krieges, die es ihm ermöglichte, die Welt zu erobern. Nach einem letzten Aufbäumen unbeschreiblicher Barbarei hörte die gegenseitige Vernichtung mit dem Ende des Zweiten Weltkrieges auf.

Wissenschaftler schreiben dies der These von einem demokratischen Frieden zu: dass eine Demokratie zögert, Krieg gegen eine andere zu führen. Vielleicht haben die Europäer aber auch verstanden, dass sie derartige Vernichtungskapazitäten entwickelt haben, dass das nächste Mal, wenn sie ihr Lieblingsspiel spielen, auch das letzte wäre.

Der engere Zusammenschluss, der seitdem entstanden ist, entbehrt nicht ernster Probleme, doch er ist eine gewaltige Verbesserung gegenüber dem, was vorher war.

Ein ähnliches Ergebnis wäre durchaus für den Nahen Osten vorstellbar, der bis vor Kurzem praktisch keine Grenzen hatte. Und die Grenzen brechen zusammen, aber auf grauenvolle Art und Weise.

Der scheinbar unaufhaltsame Selbstmord Syriens reißt das Land in Stücke. Der altgediente Nahostkorrespondent Patrick Cockburn, der jetzt für den *Independent* schreibt, sagt voraus, dass der Flächenbrand und seine Auswirkungen auf die Region zu einem Ende der Sykes-Picot-Grenzen führen könnten.

Der Bürgerkrieg in Syrien hat den Konflikt zwischen Sunniten und Schiiten neu entfacht, der eine der schrecklichsten Folgen der US-amerikanisch-britischen Invasion gegen den Irak vor zehn Jahren war.

Die kurdischen Gebiete des Irak und nun Syriens entwickeln sich in Richtung Autonomie und Zusammenschluss. Viele Beobachter sagen nun voraus, dass womöglich ein kurdischer Staat entstehen wird, bevor ein palästinensischer entsteht.

Falls Palästina jemals zu den Bedingungen unabhängig werden sollte, die den überwältigenden internationalen Konsens darstellen, werden seine Grenzen mit Israel wohl durch normalen wirtschaftlichen und kulturellen Austausch langsam verschwinden, so wie es auch in der Vergangenheit geschah, wenn die Lage relativ ruhig war.

Eine solche Entwicklung wäre ein Schritt in Richtung eines engeren regionalen Zusammenschlusses, und vielleicht in Richtung eines langsamen Verschwindens der künstlichen Grenze, die Galiläa in Israel und Libanon aufteilt, so dass Wanderer und andere dort, wo meine Frau und ich vor sechzig Jahren die Grenze überschritten, sich frei bewegen können.

Eine solche Entwicklung erscheint mir als die einzige realistische Hoffnung einer Lösung für die Not der palästinensischen Flüchtlinge, die jetzt nur mehr eine von vielen Flüchtlingskatastrophen sind, welche die Region seit der Invasion gegen den Irak und die Höllenfahrt von Syrien belasten.

Das Verschwimmen von Grenzen und diese Infragestellungen der Legitimität von Staaten führt zur ernsthaften Frage, wem die Welt gehört. Wem gehört die weltweite Atmosphäre, die von Abgasen verschmutzt wird, welche die Wärmerückstrahlung von der Erde verhindern und die, wie wir im März erfuhren, gerade einen besonders gefährlichen Grenzwert überschritten haben?

Oder, um die Formulierung zu übernehmen, die indigene Völker überall auf der Welt verwenden: Wer wird die Erde schützen? Wer wird die Rechte der Natur wahren? Wer wird die Rolle des Verwalters der Allmende, unseres kollektiven Besitzes, übernehmen?

Dass die Erde dringend gegen die drohende Umweltkatastrophe zu verteidigen ist, sieht wohl jeder vernünftige Mensch, der lesen kann. Die verschiedenen Reaktionen auf die Krise sind ein äußerst bemerkenswertes Merkmal der Zeitgeschichte.

An vorderster Front zur Verteidigung der Natur stehen oft Menschen, die »primitiv« genannt werden: Angehörige indigener Gruppen und Stämme, wie die First Nations in Kanada oder die Aborigines in Australien – Reste von Völkern, welche die Angriffe des Imperialismus überlebt haben. An vorderster Front im Angriff gegen die Natur stehen jene, die sich selbst als ganz modern und zivilisiert bezeichnen: die reichsten und mächtigsten Länder.

Der Kampf zur Verteidigung der Allmende hat viele Formen. Im Kleinen findet er gerade auf dem Taksim-Platz in der Türkei statt, wo tapfere Männer und Frauen einen der letzten Reste der Allmende in Istanbul vor der Abrissbirne der Kommerzialisierung und Gentrifizierung und Autokratie schützen, die diesen uralten Schatz zerstören.

Die Verteidiger des Taksim-Platzes stehen in der ersten Reihe eines weltweiten Kampfes, die globale Allmende vor dem Wüten derselben Abrissbirne zu bewahren – ein Kampf, an dem wir uns alle beteiligen müssen, mit Engagement und Entschlossenheit, wenn wir noch die Hoffnung eines menschenwürdigen Überlebens in einer Welt ohne Grenzen bewahren möchten. Sie ist unser gemeinsamer Besitz, den wir verteidigen oder zerstören können.

Ist Edward J. Snowden an Bord dieser Maschine?

31. Juli 2013

Am 9. Juli hielt die Organisation Amerikanischer Staaten (OEA/OAS) eine Sondersitzung ab, um das schockierende Verhalten der europäischen Länder zu erörtern, die der Regierungsmaschine mit dem bolivianischen Präsidenten Evo Morales an Bord nicht erlaubt hatten, in ihren Luftraum einzufliegen.

Morales war auf dem Weg zurück nach Bolivien von einem Gipfel in Moskau am 3. Juli. Dort hatte er in einem Interview gesagt, dass er Edward J. Snowden, dem ehemaligen Mitarbeiter einer US-amerikanischen Spionagefirma, der sich am Flughafen von Moskau aufhielt und von Washington aufgrund des Vorwurfs der Spionage gesucht wurde, politisches Asyl gewähren würde.

Die OEA verlieh ihrer Solidarität mit Morales Ausdruck, verurteilte die »Handlungen, welche die Grundregeln und -prinzipien des Völkerrechtes verletzen, darunter die Unantastbarkeit von Staatsoberhäuptern«, und forderte die europäischen Regierungen – Frankreich, Italien, Portugal und Spanien – »verbindlich« auf, ihr Handeln zu erklären und sich zu entschuldigen.

Bei einer Dringlichkeitssitzung der Union Südamerikanischer Nationen (UNASUR) wurde »der flagrante Verstoß« der europäischen Mächte gegen internationale Verträge verurteilt.

Auch die anderen lateinamerikanischen Staatsoberhäupter brachten sich ein. Die brasilianische Präsidentin Dilma Rousseff »verurteilte empört, in was für eine Lage einige europäische Länder Präsident Evo Morales gebracht hatten« und warnte, dass dieser »ernste Mangel an

Respekt vor dem Gesetz ... den Dialog zwischen den beiden Kontinenten und mögliche Verhandlungen zwischen ihnen beeinträchtigt«,

Viele Kommentare waren weniger zurückhaltend. Der argentinische Politikwissenschaftler Atilio Borón tat Europa als »die Hure von Babylon« ab, die vor der Macht kriecht.

Zwei Länder lehnten es mit praktisch identischen Vorbehalten ab, die Resolution der OEA zu unterzeichnen: die Vereinigten Staaten und Kanada. Die immer stärkere Isolation dieser beiden Länder vom Rest der Hemisphäre, da sich Lateinamerika nach fünfhundert Jahren nun vom imperialen Joch befreit, ist von historischer Bedeutung.

Das Flugzeug von Morales, das technische Probleme hatte, durfte in Österreich landen.

Bolivien führt an, dass das Flugzeug durchsucht wurde, um herauszufinden, ob Snowden sich an Bord befände.

Österreich antwortete, dass es »keine formelle Durchsuchung« gegeben habe. Was auch immer geschehen war, geschah auf Warnungen aus Washington. Alles Weitere an der Geschichte ist undurchsichtig.

Washington hat klar gemacht, dass jedes Land, das sich weigert, Snowden auszuliefern, hart bestraft würde. Die Vereinigten Staaten werden ihm »bis ans Ende der Welt nachjagen«, warnte Senator Lindsey Graham.

Sprecher der US-Regierung haben der Welt jedoch zugesichert, dass Snowden den vollen Schutz der amerikanischen Gesetze genießen wird – derselben Gesetze, nach denen Bradley Manning (der amerikanische Soldat, der ein riesiges Archiv militärischer und diplomatischer Dokumente der USA an Wikileaks weitergegeben hatte) seit drei Jahren im Gefängnis sitzt, einen guten Teil der Zeit in Einzelhaft unter erniedrigenden Bedingungen. Die veraltete Vorstellung von einem raschen Prozess vor einem Geschworenengericht, wie ihn die Verfassung vorsieht, ist längst vergessen. Am 30. Juli erklärte ein Militärrichter Manning mehrerer Anklagepunkte für schuldig, auf die eine Höchststrafe von 136 Jahren Gefängnis steht.

So wie Snowden hat Manning das Verbrechen begangen, den Amerikanern – und anderen – vor Augen zu führen, was ihre Regierung so treibt. Das ist ein schwerer Verstoß gegen die »Sicherheit« in der maßgeblichen Bedeutung dieses Begriffes, die jedem bekannt ist, der schon einmal freigegebene Dokumente gelesen hat. »Sicherheit« bedeutet bezeichnenderweise die Sicherheit von Regierungsbeamten vor den neugierigen Augen einer Öffentlichkeit, der sie – theoretisch – Rechenschaft schuldig sind.

Regierungen schützen immer Sicherheit vor – im Fall von Snowden ist es Sicherheit vor Terroranschlägen. Diesen Vorwand bringt eine Regierung, die eine großangelegte internationale Terrorkampagne mit Drohnen und Spezialeinheiten durchführt, die auf Schritt und Tritt potenzielle Terroristen schafft.

Ihre Entrüstung kennt keine Grenzen angesichts der Vorstellung, dass jemand, der von den Vereinigten Staaten gesucht wird, in Bolivien, das einen Auslieferungsvertrag mit den USA hat, Asyl bekommen sollte.

Was bei all der Aufregung untergeht ist die Tatsache, dass Auslieferungsverträge – theoretisch, wieder einmal – in beide Richtungen gültig sind.

Letzten September lehnten die Vereinigten Staaten das Gesuch Boliviens aus dem Jahr 2008 ab, sie mögen den ehemaligen Präsidenten Gonzalo Sánchez de Lozada (»Goni«) ausliefern, der des Völkermordes und Verbrechen gegen die Menschlichkeit angeklagt ist. Es wäre natürlich ein Fehler, ein Auslieferungsgesuch aus Bolivien mit einem aus Washington zu vergleichen, selbst wenn wir annähmen, dass beide Fälle ähnlich gut begründet sind.

Warum das ganz falsch wäre, kann man mit einer Parabel des Augustinus beantworten. Alexander der Große fragt einen Seeräuber, was ihm den einfalle, das Meer unsicher zu machen. Der Seeräuber antwortet: »Und was fällt dir ein, dass du den Erdkreis unsicher machst? Aber freilich, weil ich es mit einem armseligen Fahrzeug tue, nennt man mich einen Räuber, und dich nennt man Gebieter, weil du es mit einer großen Flotte tust.«

Augustinus nennt die Entgegnung des Piraten »hübsch und wahr«. Doch der antike Philosoph, ein Bischof im römischen Afrika, ist nur eine Stimme aus dem globalen Süden, die man leicht abtun kann. Die Weisen der Gegenwart verstehen, dass der Imperator Rechte hat, von denen kleine Leute wie Bolivianer nur träumen können.

Goni ist nur einer von vielen, den der Imperator nicht ausliefert. Ein weiterer Fall ist der von Luis Posada Carriles, den Peter Kornbluh, ein Spezialist für Terror in Lateinamerika, als »einen der gefährlichsten Terroristen der jüngsten Geschichte« bezeichnet.

Posada Carriles wird von Venezuela und von Kuba wegen des Bombenanschlages auf einen Linienflug der Cubana gesucht, bei dem 73 Menschen getötet wurden. Der CIA und das FBI nannten ihn als Verdächtigen. Doch sowohl den Kubanern als auch den Venezolanern mangelt es an den Vorrechten des Imperators, der den Terror gegen die Kubaner seit ihrer Befreiung organisiert und unterstützt.

Auch der verstorbene Orlando Bosch, ein Terrorkomplize von Posada Carriles, konnte sich des Wohlwollens des Imperators erfreuen. Das Justizministerium und das FBI stellten den Antrag, dass er als Gefahr für die Sicherheit der USA ausgewiesen wird und klagten ihn Dutzender Terrorakte an. Im Jahr 1990, nachdem Präsident George H. W. Bush den Ausweisungsbefehl aufhob, lebte Bosch den Rest seines Lebens glücklich und zufrieden in Miami, unbehelligt von den Auslieferungsbegehren aus Kuba und Costa Rica, die ja bloß Seeräuber sind.

Ein weiterer unbedeutender Seeräuber ist Italien, das nun die Auslieferung von 23 CIA-Agenten begehrt, die der Entführung von Hassan Mustafa Osama Nasr, eines ägyptischen Geistlichen in Mailand, angeklagt sind. Sie verschleppten ihn nach Ägypten, um ihn dort foltern zu lassen. ("*Rendition*" nennt man das in den USA. Später wurde er für unschuldig befunden.) Viel Glück, Italien.

Es gibt weitere Fälle, aber das Verbrechen der "*rendition*" bringt uns zurück zur Frage der Unabhängigkeit Lateinamerikas. Das Open Society Institute gab vor Kurzem eine Studie heraus mit dem Titel *Globalizing Torture. CIA Secret Detention and Extraordinary Rendition*. Die Autoren lassen die weltweite Beteiligung an dem Verbrechen Revue passieren, und diese ist sehr breit gefächert, auch unter europäischen Staaten.

Der Lateinamerikaspezialist Greg Grandin weist darauf hin, dass eine Region auf dieser Liste der Schande fehlt: Lateinamerika. Das ist in zweifacher Hinsicht bemerkenswert. Lateinamerika war lange Zeit der verlässliche »Hinterhof« der Vereinigten Staaten. Wenn irgendwelche Einheimischen ihr Haupt erheben wollten, wurde dieses mittels Terror oder Militärputsch abgeschlagen. Und da Lateinamerika während der ganzen zweiten Hälfte des letzten Jahrhunderts unter der Kontrolle der USA war, war es auch eines der Folterzentren der Welt.

Das ist nicht mehr der Fall, da die Vereinigten Staaten und Kanada praktisch aus der Hemisphäre verdrängt werden.

Vermittler oder Betrüger?

30. August 2013

Die Verhandlungen zwischen Israel und Palästina, die derzeit in Jerusalem stattfinden, fallen auf den zwanzigsten Jahrestag der Osloer Abkommen. Ein Blick auf das Wesen dieser Abkommen und ihr Schicksal mag die allgemeine Skepsis über die gegenwärtigen Vorgänge erhellen.

Im September 1993 reichten sich unter der Schirmherrschaft von Präsident Clinton vor dem Weißen Haus der israelische Premierminister Yitzhak Rabin und der Vorsitzende der Palästinensischen Befreiungsorganisation (PLO) Yasser Arafat die Hand. Es war der der Höhepunkt der »Tage der Ehrfurcht«, wie die Presse sie nannte.

Anlass war die Ankündigung einer Prinzipienerklärung für die politische Beilegung des Konfliktes zwischen Israel und Palästina, die aus geheimen Treffen in Oslo hervorging, die unter der Schirmherrschaft der norwegischen Regierung stattgefunden hatten.

Im November 1991 hatten auf Initiative von Washington in der Aura des Triumphes nach dem ersten Irakkrieg in Madrid öffentliche Verhandlungen zwischen Israel und den Palästinensern begonnen.

Sie endeten in einer Sackgasse, da die palästinensische Delegation unter der Leitung des geachteten Nationalisten Haidar Abdul Shafi auf einem Ende der Expansion der illegalen israelischen Siedlungen in den besetzten Gebieten bestand.

Der unmittelbare Hintergrund waren formelle Positionen zu grundlegenden Fragen, welche die PLO, Israel und die Vereinigten Staaten herausgaben. Die PLO rief im November 1988 in einer Erklärung zur Schaffung von zwei Staaten innerhalb der international anerkannten Grenzen auf – ein Vorschlag, gegen den die Vereinigten

Staaten im Jahr 1976 im Sicherheitsrat ihr Veto eingelegt hatten und den sie nach wie vor verhinderten, im Gegensatz zu einem überwältigenden internationalen Konsens.

Im Mai 1989 antwortete Israel mit einer Erklärung, dass es keinen »zusätzlichen palästinensischen Staat« zwischen Jordanien und Israel geben könne (Jordanien ist nach israelischem Diktum ein palästinensischer Staat), und dass weitere Verhandlungen »in Übereinstimmungen mit den grundlegenden Richtlinien der [israelischen] Regierung« geführt würden. Die Regierung Bush I. nahm diesen Plan ohne Vorbehalte an und regte als »ehrlicher Vermittler« die Verhandlungen von Madrid an.

In der Prinzipienerklärung von 1993 wurde dann auch die Erfüllung der israelischen Forderungen recht explizit dargelegt, aber von den nationalen Rechten der Palästinenser war nicht die Rede. Sie entsprach der Vorstellung, die Dennis Ross darlegte, der wichtigste Nahostberater von Clinton und Verhandler in Camp David im Jahr 2000, später auch wichtigster Berater von Präsident Obama. Ross erklärte, dass Israel Bedürfnisse habe, die Palästinenser aber nur Wünsche, die offensichtlich weniger wichtig sind.

In Artikel I der Prinzipienerklärung heißt es, dass das Endergebnis des Prozesses »eine dauerhafte Lösung des Konfliktes auf Grundlage der Resolutionen 242 und 229 des UNO-Sicherheitsrates« sein soll, was nichts über die Rechte der Palästinenser sagt, abgesehen von einem vagen Hinweis auf eine »gerechte Lösung des Flüchtlingsproblems«.

Wenn der »Friedensprozess« sich so abspielen würde, wie er in der Prinzipienerklärung klar beschrieben ist, könnten sich die Palästinenser von ihrer Hoffnung auf irgendwelche beschränkten nationalen Rechte im Land Israel verabschieden.

Andere Artikel der Prinzipienerklärung legen fest, dass die Palästinensische Autonomiebehörde für »die Gebiete des Westjordanlandes und des Gazastreifens zuständig ist, ausgenommen für Dinge, über die in den Verhandlungen über den dauerhaften Status verhandelt werden wird« – Jerusalem, Siedlungen, militärische Einrichtungen und Israelis, das heißt, sie wird für alles zuständig sein, außer für irgendetwas, das wichtig wäre.

Außerdem: »Israel wird weiterhin für die Sicherheit nach außen sowie für die innere Sicherheit und öffentliche Ordnung der Siedlungen und Israelis verantwortlich sein. Das israelische Militär und israelische Zivilisten werden weiterhin Straßen im Gazastreifen und im Gebiet Jericho frei benutzen dürfen« – das sind die beiden Gebiete, aus denen Israel sich – letztendlich – zurückziehen sollte.

Kurz gesagt würde es keine wesentlichen Änderungen geben. Die Prinzipienerklärung enthielt auch kein einziges Wort über die Siedlungsprogramme, die im Zentrum des Konfliktes stehen: Schon vor dem Oslo-Prozess untergruben die Siedlungen realistische Aussichten, dass die Palästinenser irgendeine Form der realen Selbstbestimmung erreichen würden.

Nur wenn man sich »bewusster Ignoranz« hingibt, wie das manchmal genannt wird, konnte man glauben, dass der Oslo-Prozess ein Weg zum Frieden war. Dennoch wurde dies praktisch zum Dogma unter westlichen Kommentatoren.

Als die Verhandlungen in Madrid begannen, sagte Danny Rubinstein, einer der bestinformierten israelischen Experten, voraus, dass Israel und die Vereinigten Staaten irgendeiner Form der palästinensischen »Autonomie« zustimmen würden, aber es werde sich um »Autonomie wie in einem Kriegsgefangenenlager« handeln, »in dem die Gefangenen ›autonom‹ und ohne Einmischung ihr Essen kochen oder Kulturveranstaltungen organisieren dürfen«. Rubinsteins Voraussagen erwiesen sich als zutreffend.

Auch nach den Osloer Abkommen ging der Siedlungsbau mit unvermindertem Tempo weiter, einer Geschwindigkeit, die er erreicht hatte, als Yitzhak Rabin 1992 Ministerpräsident geworden war, und er erstreckte sich nach Osten weit über das illegal annektierte Großjerusalem hinaus.

Rabin erklärte, dass Israel »den Großteil des Territoriums des Landes Israel [des ehemaligen Palästinas] mit seiner Hauptstadt Jerusalem« übernehmen sollte.

Gleichzeitig machten sich die USA und Israel daran, den Gazastreifen vom Westjordanland zu trennen, indem sie den Zugang zum Gazastreifen abriegelten, was ein direkter Verstoß gegen die Bestimmungen der Abkommen war, so dass jedes potenzielle palästinensische Gebilde von der Außenwelt abgeschnitten wäre.

Auf die Abkommen von Oslo folgten zusätzliche Abkommen zwischen Israel und der PLO, in denen die Bestimmungen für die Autonomie des Kriegsgefangenenlagers noch deutlicher ausformuliert wurden. Nach der Ermordung von Rabin wurde Shimon Peres Premierminister. Als Peres im Jahr 1995 aus dem Amt schied, versicherte er den Medien, dass es keinen palästinensischen Staat geben würde.

Die norwegische Historikerin Hilde Henriksen Waage kam zu dem Schluss, dass der »Prozess von Oslo als perfektes Lehrstück für die Mängel« des Modells »der Vermittlung durch eine dritte Partei für einen kleinen Staat in einem stark asymmetrischen Konflikt dienen könnte. Die Frage ist, ob dieses Modell jemals angebracht sein kann.«

Das ist eine Frage, über die es sich zu grübeln lohnt, vor allem da die fundierte Meinung im Westen nun von der grotesken Annahme ausgeht, dass ernsthaft sinnvolle Verhandlungen zwischen Israel und den Palästinensern unter der Schirmherrschaft der USA geführt werden können, obwohl die USA kein »ehrlicher Vermittler«, sondern in Wirklichkeit ein Partner Israels sind.

Als die derzeitigen Verhandlungen begannen, legte Israel sofort seine Haltung dar, indem die Regierung ihre »Liste nationaler Prioritäten« um besondere Subventionen für Siedlungen, die verstreut im Westjordanland liegen, erweiterte, und indem sie ihre Pläne für eine Zugverbindung fortsetzte, welche die Siedlungen enger mit Israel vernetzen wird.

Obama zog sofort nach und ernannte Martin Indyk zum Verhandlungsführer, einen engen Vertrauten von Dennis Ross, der ein langgedienter Lobbyist für Israel ist und der erklärt, dass die Araber nicht fähig seien, den »Idealismus« und den »Großmut« zu begreifen, der sich durch alle Bemühungen Washingtons ziehe.

Die Verhandlungen dienen Israel als Deckung, um sich die Gebiete anzueignen, die es kontrollieren will, und sollen den Vereinigten Staaten weitere Peinlichkeiten bei den Vereinten Nationen ersparen. Die Palästinenser könnten sich nämlich bereit erklären, Bemühungen zu verschieben, den Status von Palästina bei der UNO zu verbessern – was die USA natürlich verhindern müssten, gemeinsam mit Israel und vielleicht noch mit Palau.

Es ist jedoch unwahrscheinlich, dass die Verhandlungen die Aussichten auf eine reale Friedenslösung weiterbringen werden.

Die Obama-Doktrin

4. Oktober 2013

Die jüngste Kabbelei zwischen Obama und Putin über den amerikanischen Exzeptionalismus ließ eine laufende Debatte über die Obama-Doktrin erneut aufflammen: Schwenkt der Präsident in Richtung Isolationismus? Oder wird er stolz die Fahne des Exzeptionalismus hochhalten?

Die Debatte ist enger begrenzt als es scheint. Es gibt beträchtliche Gemeinsamkeiten zwischen den beiden Positionen, wie Hans Morgenthau, der Begründer der heute dominanten unsentimentalen »realistischen« Schule der internationalen Politikwissenschaft klar darlegte.

Morgenthau bezeichnet Amerika an vielen Stellen seiner Werke als einzigartig unter allen Mächten der Vergangenheit und der Gegenwart, da es eine »transzendente Absicht« verfolge, die es auf der ganzen Welt »verteidigen und vorantreiben muss«: »die Herstellung von Gleichheit in Freiheit«.

Beide der konkurrierenden Vorstellungen übernehmen diese Doktrin und ihre verschiedenen Ausformungen, unterscheiden sich jedoch, was ihre Anwendung betrifft.

Präsident Obama verteidigte in seiner Rede an die Nation vom 10. September das eine Extrem: »Was Amerika auszeichnet«, erklärte er, »was uns zu einer Ausnahme macht«, sei, dass wir bereit seien, »bescheiden, aber entschlossen« zu handeln, wenn wir irgendwo Verbrechen ausmachen.

»Die Vereinigten Staaten sind seit fast sieben Jahrzehnten ein Rettungsanker der globalen Sicherheit«, eine Rolle, die »mehr bedeutet, als international Abkommen zu schließen; sie bedeutet, diese durchzusetzen«.

Nach der anderen Doktrin, dem Isolationismus, können wir es uns nicht mehr leisten, die ehrenwerte Mission zu erfüllen, immer auszurücken, wenn andere einen Brand entfachen. Sie nimmt den Warnhinweis ernst, den Thomas Friedman, ein Kolumnist der *New York Times* vor zwanzig Jahren äußerte: »Den Idealismus praktisch zur einzigen Richtschnur unserer Außenpolitik zu machen«, könne dazu führen, ob unserer Aufopferung für die Bedürfnisse anderer unsere eigenen Interessen zu vernachlässigen.

Zwischen diesen beiden Extremen finden heftige Auseinandersetzungen über die Außenpolitik statt.

Einige Beobachter an den Rändern lehnen die gemeinsamen Prämissen ab und führen dazu eine Reihe historischer Beispiele an: zum Beispiel die Tatsache, dass die Vereinigten Staaten »seit fast sieben Jahrzehnten« weltweit führend in Angriffskriegen und Subversionen sind, gewählte Regierungen stürzen und grausame Diktaturen einsetzen, abscheuliche Verbrechen unterstützen, internationale Abkommen untergraben und dabei Spuren von Blut, Zerstörung und Elend hinterlassen.

Morgenthau hat eine Antwort für diese fehlgeleiteten Wesen parat. Als ernsthafter Wissenschaftler erkannte er, dass Amerika ständig gegen seine »transzendente Absicht« verstößt.

Doch diesen Einwand vorzubringen, erklärt er, zeugt vom »Fehler des Atheismus, der mit ähnlichen Argumenten die Gültigkeit der Religion leugnet«. Die transzendente Absicht Amerikas ist die »Realität«; die tatsächliche Geschichte ist bloß »der Missbrauch durch die Realität«.

Der »amerikanische Exzeptionalismus« und der »Isolationismus« werden also im Allgemeinen als taktische Spielarten einer weltlichen Religion verstanden, die einen erstaunlichen Einfluss hat, die in dem Sinne über ein gewöhnliches orthodoxes Verständnis von Religion hinausgeht, dass sie selbst kaum wahrgenommen wird. Da keine Alternative denkbar ist, wird dieser Glaube automatisch angenommen.

Andere drücken diese Doktrin weniger fein aus. Jeane Kirkpatrick, eine UNO-Botschafterin von Präsident Reagan, entwickelte eine neue Methode, um Kritik an Regierungskriminalität abzuwehren. Jene, die nicht bereit sind, diese als »Schnitzer« oder »unschuldige Naivität« abzutun, bezichtigt man der »moralischen Gleichsetzung«, dass sie behaupten würden, die USA unterscheiden sich nicht von Nazideutschland, oder wer auch immer der aktuelle Satan sein möge. Seit damals wird diese Methode weithin eingesetzt, um die Mächtigen vor prüfenden Blicken zu schützen.

Selbst ernsthafte Wissenschaftler beugen sich. Der Historiker Jeffrey A. Engel erörtert in der aktuellen Ausgabe der Zeitschrift *Diplomatic History* seine Gedanken über die Bedeutung der Geschichte für politische Entscheidungsträger.

Er führt Vietnam an, wo die Lektion »je nach politischer Überzeugung« darin bestehe, entweder »die Bredouille einer eskalierenden Intervention [d. h. Isolationismus], oder die Notwendigkeit, den militärischen Befehlshabern freien Raum zu lassen, so dass sie ohne politischen Druck operieren können [d. h. Exzeptionalismus]« zu vermeiden – während wir unsere Mission erfüllten, Stabilität, Gleichheit und Freiheit zu bringen, indem wir drei Länder zerstörten und Millionen Leichen hinterließen.

Die Zahl der Todesopfer in Vietnam steigt bis heute immer noch an aufgrund der chemischen Kriegführung, die Präsident Kennedy dort befahl, während er gleichzeitig die amerikanische Unterstützung für eine mörderische Diktatur zu einem umfassenden Angriff steigerte – der schlimmste Angriffskrieg in Obamas »sieben Jahrzehnten«.

Eine andere »politische Überzeugung« ist vorstellbar: die Empörung, die Amerikaner zur Schau stellen, wenn Russland in Afghanistan oder Saddam Hussein in Kuweit einmarschiert. Die weltliche Religion hindert uns jedoch daran, denselben Maßstab an uns selbst anzulegen.

Ein Mechanismus des Selbstschutzes ist es, die Folgen zu beklagen, wenn wir nicht handeln.

David Brooks, ein Kolumnist der *New York Times*, sinniert über das Abgleiten Syriens in ein Horrorszenario »à la Ruanda« und kommt zu dem Schluss, dass das eigentliche Problem die gewalttätigen Auseinandersetzungen zwischen Sunniten und Schiiten sei, welche die Region zerreißt.

Diese Gewalt zeuge vom Versagen »der neuen amerikanischen Strategie, sich zurückzuziehen, ohne umfangreiche Strukturen zu hinterlassen«, sowie vom Verlust dessen, was Gary Grappo, ein ehemaliger Diplomat, den »mäßigenden Einfluss der amerikanischen Streitkräfte« nennt.

Jene, die sich noch immer vom »Missbrauch der Realität« – das heißt von Tatsachen – blenden lassen, können sich vielleicht erinnern, dass die gewalttätigen Auseinandersetzungen zwischen Sunniten und Schiiten auf das schlimmste Verbrechen eines Angriffskrieges des neuen Jahrtausends zurückgehen: die US-amerikanische Invasion gegen den Irak. Und jene, die noch mehr Erinnerungen belasten, können sich vielleicht erinnern, dass Naziverbrecher bei den Nürnberger Prozessen zum Tod durch den Strang verurteilt wurden, da der Angriffskrieg nach dem Urteil des Tribunals »das schlimmste internationale Verbrechen ist, das sich von den anderen Kriegsverbrechen nur dadurch unterscheidet, dass er das ganze Übel in sich vereint«. Dieselbe Klage ist das Thema einer berühmten Studie von Samantha Power, der neuen US-amerikanischen UNO-Botschafterin. In ihrem Buch *A Problem from Hell: America in the Age of Genocide* schreibt Power über die Verbrechen anderer und über unsere unzureichende Reaktion.

Einem der wenigen Fälle der sieben Jahrzehnte, die womöglich tatsächlich als Völkermord gelten können – der indonesischen Invasion gegen Osttimor im Jahr 1975 –, widmet sie einen einzigen Satz: Die Vereinigten Staaten sahen tragischerweise weg, schreibt Powers.

Daniel Patrik Moynihan, ihr Vorgänger als UNO-Botschafter zur Zeit der Invasion, sieht das anders. In seinem Buch *A Dangerous Place* beschreibt er stolz, wie er die UNO »völlig handlungsunfähig machte, was für Maßnahmen sie auch immer unternahm«, um die Aggression zu beenden, da »die Vereinigten Staaten sich genau das Ergebnis wünschten, dass dabei herauskam«.

Tatsächlich sah Washington keineswegs weg, sondern gab den indonesischen Invasoren grünes Licht und stellte ihnen sofort tödliche militärische Ausrüstung zur Verfügung. Die USA hinderten den UNO-Sicherheitsrat daran zu handeln und unterstützten den Aggressor und seine Völkermordaktionen tatkräftig, darunter auch die Gräuel im Jahr 1999, bis Präsident Clinton dem eine Ende setzte – was die USA schon in den 25 Jahren davor tun hätten können.

Aber das ist bloss ein »Missbrauch durch die Realität«.

Die Liste könnte allzu leicht fortgesetzt werden, doch das hat wenig Sinn. Brooks hat Recht, wenn er schreibt, dass wir hinter die schrecklichen Ereignisse vor unseren Augen schauen und über die Prozesse nachdenken sollen, die ihnen zugrunde liegen, und welche Lehren wir aus ihnen ziehen können.

Keine dieser Aufgaben ist dringender als uns von den religiösen Glaubenssätzen zu befreien, die reale historische Ereignisse dem Vergessen preisgeben und damit die Grundlage für weitere »Missbräuche durch die Realität« unserer Regierung stärken.

Die Entamerikanisierung der Welt

4. November 2013

Während der jüngsten Episode der Farce in Washington, welche die ganze Welt unterhält und in Atem hält, schrieb ein chinesischer Kommentator, dass die Vereinigten Staaten kein Mitglied des Weltsystems mit Verantwortung sein können, dass man die Welt vielleicht »entamerikanisieren« und sich von dem Schurkenstaat trennen sollte, der zwar die herrschende Militärmacht ist, in anderen Bereichen jedoch an Glaubwürdigkeit verliert.

Die Ursache für das Debakel in Washington war eine drastische Verschiebung der politischen Klasse nach rechts. In der Vergangenheit hat man die USA manchmal bissig – aber nicht zu Unrecht – als Einparteienstaat beschrieben: es herrsche die Partei der Unternehmer, mit zwei Fraktionen namens Demokraten und Republikaner.

Das ist nicht mehr zutreffend. Die USA sind noch immer ein Einparteienstaat, in dem die Partei der Unternehmer herrscht. Diese hat aber nur mehr eine Fraktion: die gemäßigten Republikaner, die sich jetzt Neue Demokraten nennen (so bezeichnet sich die Koalition im Kongress).

Es gibt noch immer eine republikanische Organisation, doch die hat längst jeglichen Anspruch aufgegeben, eine normale parlamentarische Partei zu sein. Norman Ornstein, ein konservativer Politikwissenschaftler, der für das American Enterprise Institute arbeitet, beschreibt die heutigen Republikaner als »radikale Aufstandsbewegung aus ideologischen Extremisten, die für Tatsachen und Kompromisse nur Spott und Hohn und für ihre politischen Gegner nur Geringschätzung übrig haben«: eine ernsthafte Gefahr für die Gesellschaft.

Die Partei ist ausschließlich den Superreichen und der Unternehmerseite hörig und dienstbar. Da man mit diesem Programm keine Wähler überzeugen kann, muss die Partei Gesellschaftsschichten mobilisieren, die nach internationalen Maßstäben extremistisch sind. Verrückt zu sein ist unter den Mitgliedern der Tea Party und einer ganzen Reihe anderer Gruppen außerhalb des Mainstream ganz normal.

Die alte Garde der Republikaner und ihre Geldgeber aus dem Unternehmersektor wollten sie im neoliberalen Angriff gegen die Bevölkerung als Rammbock einsetzen: für Privatisierungen, Liberalisierungen und zur Beschneidung des Einflusses der Regierung, außer jener Teile, die den Reichen und Mächtigen dienen, wie das Militär.

Die alte Garde hatte einige Erfolge, doch nun stellt sie zu ihrer großen Bestürzung fest, dass sie ihre Basis nicht mehr unter Kontrolle hat. Die Auswirkungen auf die amerikanische Gesellschaft werden dadurch noch verheerender. Ein Beispiel: die heftige Reaktion gegen den Affordable Care Act (»Obamacare«) und die beinahe Stilllegung der Regierung.

Die Bemerkungen des chinesischen Kommentators sind nicht ganz neu. Der Politikwissenschaftler Samuel P. Huntington warnte im Jahr 1999, dass die USA in den Augen eines Großteils der Welt »zu einer Schurkensupermacht wird«, die als »größte äußere Gefahr« für die meisten Länder gesehen wird. Robert Jervis, Vorsitzender der American Political Science Association, warnte einige Monate, nachdem Bush das Präsidentenamt übernommen hatte: »In den Augen eines Großteils der Welt sind in Wirklichkeit die USA der größte Schurkenstaat.« Sowohl Huntington als auch Jervis meinten, dass diese Linie unklug sei. Die Folgen könnten den USA schaden.

David Kaye lässt in der letzten Ausgabe von *Foreign Affairs*, der wichtigsten Zeitschrift des Establishments, einen Aspekt der Abgehobenheit der USA vom Rest der Welt Revue passieren: die Ablehnung multilateraler Verträge, »als wäre das ein Spaß«.

Er zeigt, wie einige Verträge rundheraus abgelehnt wurden, zum Beispiel als der Senat »2012 gegen die Konvention über die Rechte von Menschen mit Behinderungen stimmte und 1999 gegen den Kernwaffenteststoppvertrag«.

Andere werden durch Untätigkeit aufgehoben, darunter Verträge »in Bereichen des Arbeitsrechtes, wirtschaftlicher und kultureller Rechte, Artenschutz, Umweltverschmutzung, bewaffneter Konflikte, Friedenssicherung, Atomwaffen, Seerecht und Frauendiskriminierung«.

Die Ablehnung internationaler Verpflichtungen »ist mittlerweile so tief verwurzelt«, schreibt Kaye, »dass die Regierungen anderer Länder gar nicht mehr erwarten, dass Washington Verträge ratifiziert oder sich an den Institutionen, die von Verträgen geschaffen werden, voll beteiligt. Die Welt entwickelt sich trotzdem weiter. Gesetze werden anderswo gemacht, mit geringer amerikanischer Beteiligung oder ohne sie.«

Das ist zwar nichts neues, doch in den letzten Jahren hat diese Praxis tatsächlich viel tiefere Wurzeln geschlagen, und dazu kommt in den USA selbst die stillschweigende Duldung der Doktrin, dass Amerika jedes Recht hat, sich wie ein Schurkenstaat aufzuführen.

Ein typisches Beispiel: Vor einigen Wochen griff eine US-amerikanische Spezialeinheit einen Verdächtigen, Abu Anas al-Libi, in der libyschen Hauptstadt auf der Straße auf und brachte ihn auf ein Schiff, wo er ohne Rechtsbeistand oder irgendwelche Rechte verhört wurde. US-Außenminister John Kerry erklärte vor der Presse, dass dieses Vorgehen legal sei, da es amerikanischem Recht entspräche, was nicht weiter kommentiert wurde.

Prinzipien sind nur gültig, wenn sie universal sind. Die Reaktionen sähen natürlich etwas anders aus, wenn beispielsweise kubanische Spezialeinheiten den bekannten Terroristen Luis Posada Carriles in Miami entführen und ihn nach Kuba bringen würden, um ihn zu verhören und entsprechend der kubanischen Gesetze vor Gericht zu stellen.

Das tun nur Schurkenstaaten, genauer gesagt, der einzige Schurkenstaat, der mächtig genug ist, dass er es straflos tun kann: In den letzten Jahren hat er nach Belieben Angriffskriege geführt, große Teile der Welt mit Drohnenangriffen terrorisiert, und vieles andere.

Und er trotzt der Welt in vielerlei anderer Hinsicht, zum Beispiel indem er an seinem Embargo gegen Kuba festhält, obwohl die ganze Welt dagegen ist – außer Israel, das im Oktober wieder einmal gemeinsam mit seinem Schutzherren stimmte, als die Vereinten Nationen erneut das Embargo (mit 188 gegen 2 Stimmen) verurteilten.

Was immer die Welt denken mag, die Handlungen der USA sind gerechtfertigt. Weil wir es so sagen. Dieses Prinzip wurde von dem bedeutenden Staatsmann Dean Acheson im Jahr 1962 verkündet, als er die American Society of International Law darüber belehrte, dass kein rechtliches Problem daraus erwachse, wenn die Vereinigten Staaten auf eine Herausforderung ihrer »Macht, Stellung und Prestige« reagieren.

Kuba machte sich dieses Verbrechens schuldig, als es sich erfolgreich gegen eine US-amerikanische Invasion wehrte und dann auch noch die Dreistigkeit besaß, einen Angriff zu überleben, der nach den Worten des Kennedy-Beraters und Historikers Arthur Schlesinger »das Grau'n der Welt«* über Kuba bringen sollte.

Als die Vereinigten Staaten ihre Unabhängigkeit erlangten, wollten sie Teil der internationalen Gemeinschaft jener Zeit werden. Deshalb beginnt die Unabhängigkeitserklärung mit dem Ausdruck der Besorgnis über »Anstand und Achtung für die Meinungen des menschlichen Geschlechts«.

Ein wesentliches Element war in den Worten des Historikers Eliga H. Gould die Entwicklung von einem ungeordneten Staatenbund zu einer einheitlichen »bündnisfähigen Nation«, die sich an die Konventionen der europäischen Ordnung hielt. Indem sie diesen Status

* Zitat aus *König Lear* von Shakespeare — Anm. d. Übers.

erreichte, erwarb sich die neue Nation auch das Recht, im Inneren nach ihren eigenen Wünschen zu handeln.

Sie konnte daher darangehen, sich von der eingeborenen Bevölkerung zu befreien und die Sklaverei auszuweiten, eine Institution, die so »abscheulich« war, dass sie in England nicht mehr geduldet wurde, wie der angesehene Jurist Graf William Murray von Mansfield im Jahr 1772 urteilte. Die Entwicklung des englischen Rechtes war ein Faktor, der die Gesellschaft der Sklavenhalter dazu nötigte, sich seinem Einflussbereich zu entziehen.

Zu einer bündnisfähigen Nation zu werden zog also mehrere Vorteile nach sich: internationale Anerkennung und die Handlungsfreiheit nach innen, ohne äußere Einmischung. Hegemoniale Macht zog die Möglichkeit nach sich, ein Schurkenstaat zu werden und sich nach Belieben über das Völkerrecht und internationale Regeln hinwegzusetzen; allerdings ruft dies zunehmend Widerstand im Ausland hervor und trägt zum eigenen Niedergang durch Selbstverstümmelung bei.

Rückschau auf die Achse des Bösen

3. Dezember 2013

Am 24. November wurde ein Interimsabkommen über die Atompolitik des Iran verkündet, das eine Verhandlungsphase von sechs Monaten vorsieht.

Michael Gordon, ein Journalist der *New York Times*, schrieb: »Vertreter der USA sagten, dass zum ersten Mal seit fast zehn Jahren eine internationale Vereinbarung erzielt werden konnte, die einen Großteil des iranischen Atomprogrammes stoppt und in einigen Aspekten rückgängig macht.«

Die Vereinigten Staaten wurden sofort aktiv und legten einer Schweizer Firma, die gegen die von den USA verhängten Sanktionen verstoßen hatte, schwere Strafen auf. »Die Wahl des Zeitpunktes für diese Ankündigung sollte zum Teil wohl signalisieren, dass die Regierung Obama den Iran nach wie vor in wirtschaftlicher Isolation halten möchte«, erklärt Rick Gladstone in der *Times*.

Das »bahnbrechende Abkommen« enthält tatsächlich bedeutende Zugeständnisse des Iran, aber nichts dergleichen vonseiten der Vereinigten Staaten, die lediglich zustimmten, ihre Strafmaßnahmen gegen den Iran vorübergehend zu lockern.

Mögliche Zugeständnisse der USA sind leicht vorstellbar. Um nur eine zu erwähnen: Die Vereinigten Staaten sind das einzige Land, das direkt gegen den Atomwaffensperrvertrag (und was viel schlimmer ist: gegen die UNO-Charta) verstößt, indem sie ihre Drohung der Gewaltanwendung gegen den Iran aufrechterhalten. Die Vereinigten Staaten könnten auch darauf bestehen, dass ihr Vasallenstaat Israel diesen schweren Verstoß gegen das Völkerrecht – nur einen von vielen – beendet.

In der Mainstreamdebatte gilt es als ganz normal, dass nur der Iran Zugeständnisse machen soll. Die Vereinigten Staaten sind doch schließlich der Weiße Ritter, der die internationale Gemeinschaft in ihrem Bestreben anführt, den Iran – der als größte Gefahr für den Weltfrieden gilt – einzudämmen und ihn von seinen Angriffskriegen, seinem Terror und anderen Verbrechen abzuhalten.

Es gibt aber auch eine andere Perspektive, von der man wenig hört, obwohl sie doch erwähnenswert ist. Sie beginnt mit der Ablehnung der amerikanischen Behauptung, dass die Vereinbarung das Ende von zehn Jahren der Weigerung des Iran sei, über die angebliche atomare Bedrohung zu verhandeln.

Vor zehn Jahren bot der Iran an, seine Differenzen mit den Vereinigten Staaten über sein Atomprogramm sowie alle anderen Probleme auszuräumen. Die Regierung Bush lehnte das Angebot wütend ab und maßregelte den Schweizer Diplomaten, der es übermittelt hatte.

Die Europäische Union und der Iran versuchten zu einer Vereinbarung zu kommen, nach der der Iran die Anreicherung von Uran aussetzen und die EU im Gegenzug zusichern würde, dass die USA den Iran nicht angriffen. Selig Harrison schrieb in der *Financial Times*: »Die EU wurde von den USA zurückgehalten und … weigerte sich, über Sicherheitsfragen zu diskutieren«, worauf der Versuch scheiterte.

Im Jahr 2010 nahm der Iran einen Vorschlag der Türkei und Brasiliens an, sein angereichertes Uran zur Aufbewahrung in die Türkei zu schicken. Im Gegenzug sollte der Westen dem Iran Isotope für seine medizinischen Forschungsreaktoren zur Verfügung stellen. Präsident Obama verurteilte Brasilien und die Türkei wütend dafür, dass sie aus der Reihe getreten waren und verschärfte die Sanktionen. Brasilien war verärgert und veröffentlichte einen Brief von Obama, in dem er selbst eine solche Vereinbarung vorgeschlagen hatte, wohl in der Annahme, dass der Iran sie ablehnen würde. Der Zwischenfall verschwand rasch in der Versenkung.

Die Unterzeichner des Atomwaffensperrvertrages riefen auch noch im Jahr 2010 zu einer internationalen Konferenz auf, um die langjährige Initiative der arabischen Staaten fortzusetzen, eine massenvernichtungswaffenfreie Zone in der Region einzurichten. Die Konferenz sollte im Dezember 2012 in Helsinki stattfinden. Israel weigerte sich, daran teilzunehmen. Der Iran sagte ohne weitere Bedingungen seine Teilnahme zu.

Daraufhin verkündeten die USA, dass die Konferenz abgesagt sei, und wiederholten die Einwände Israels. Die arabischen Staaten, das Europäische Parlament und Russland riefen dazu auf, die Konferenz rasch neu einzuberufen, während die UNO-Vollversammlung mit 147 zu 6 Stimmen Israel dazu aufforderte, dem Atomwaffensperrvertrag beizutreten und Überprüfungen seiner Anlagen zuzulassen. Mit »nein« stimmten die Vereinigten Staaten, Israel, Kanada, die Marschallinseln, Mikronesien und Palau – ein Ergebnis, dass nun auf ein weiteres mögliches Zugeständnis der USA hinweist.

Eine derartige Isolation der Vereinigten Staaten auf internationalem Parkett ist recht normal und betrifft zahlreiche Fragen.

Im Gegensatz dazu unterstützte die Bewegung der Blockfreien (d. h. die meisten Länder der Welt) bei ihrem Treffen letztes Jahr in Teheran einmal mehr ausdrücklich das Recht des Iran als Unterzeichner des Atomwaffensperrvertrages, Uran anzureichern. Die USA lehnen dieses Argument ab und behaupten, dass das Recht an einen Persilschein der Inspektoren gebunden ist, aber der Vertrag enthält keine derartige Formulierung.

Die große Mehrheit der Araber unterstützt das Recht des Iran, sein Atomprogramm zu verfolgen. Die Araber stehen dem Iran feindlich gegenüber, eine überwältigende Mehrheit hält jedoch die Vereinigten Staaten und Israel für ihre größte Bedrohung, wie Shibley Telhami einmal mehr in seiner umfassenden Übersicht über die öffentliche Meinung in den arabischen Ländern berichtet.

»Westliche Regierungsvertreter sind perplex« ob der Weigerung des Iran, sein Recht aufzugeben, Uran anzureichern, stellt Frank Rose in der *New York Times* fest und bietet eine psychologische Erklärung an. Wenn man etwas abseits von Schema F denkt, kommt man auch auf andere Erklärungen.

Man kann die Vereinigten Staaten nur dann als führende Macht der internationalen Gemeinschaft sehen, wenn man die internationale Gemeinschaft als die USA selbst definiert und wer auch immer ihr folgen mag, häufig aufgrund von Einschüchterung, wie manchmal stillschweigend eingeräumt wird.

David E. Sanger und Jodi Rudoren berichten in der *New York Times*, dass Kritiker der neuen Übereinkunft davor warnen, dass »gerissene Mittelsmänner, die Chinesen, die auf Energiequellen erpicht sind, und die Europäer, die sich die gute alte Zeit zurückwünschen, als der Iran ein wichtiger Handelspartner war, ihre Chance sehen werden, über die Schranken zu springen.« Mit anderen Worten: Sie folgen derzeit den Befehlen aus Amerika nur aus Angst. China, Indien und viele andere Länder haben in Wirklichkeit schon eigene Wege gefunden, die Sanktionen der USA gegen den Iran zu umgehen.

Diese alternative Perspektive stellt auch den Rest der üblichen Version der USA in Frage. Sie übersieht nicht, dass die Vereinigten Staaten die Iraner seit sechzig Jahren ohne Unterbrechung quälen. Die Strafmaßnahmen begannen im Jahr 1953 mit einem Putsch des CIA gegen die parlamentarische Regierung des Iran. Der Schah wurde eingesetzt, ein Tyrann, der regelmäßig die schlimmste Menschenrechtsbilanz aller amerikanischen Verbündeten auf der Welt vorzuweisen hatte.

Als der Schah selbst im Jahr 1979 gestürzt wurde, drehten sich die USA sofort herum und unterstützten die mörderische Invasion von Saddam Hussein gegen den Iran und beteiligten sich schließlich direkt daran, indem sie die Schiffe aus Kuweit, das mit dem Irak verbündet war, umflaggten, damit sie die iranische Blockade unterlaufen konnten. Im Jahr 1988 schoss ein US-amerikanisches Marineschiff ein iranisches Passagierflugzeug ab, das sich in seinem vorgesehenen Luftraum befand, wobei 290 Menschen getötet wurden. Die Besatzung des US-amerikanischen Schiffes wurde dafür nach seiner Rückkehr vom Präsidenten ausgezeichnet.

Nachdem der Iran zur Kapitulation gezwungen worden war, verstärkten die USA ihre Unterstützung für ihren Freund Saddam und luden sogar irakische Atomtechniker zur Weiterbildung auf dem Gebiet der Waffenherstellung in die USA ein. Dann verhängte die Regierung Clinton Sanktionen gegen den Iran, die in den letzten Jahren deutlich verschärft wurden.

In Wirklichkeit gibt es zwei Schurkenstaaten, die in der Region operieren, dabei Aggression und Terror anwenden und dabei nach Belieben gegen das Völkerrecht verstoßen: die Vereinigten Staaten und ihr Vasallenstaat Israel. Der Iran hat tatsächlich einen Angriffskrieg geführt: Er hat unter dem Schah, der von den USA unterstützt wurde, drei arabische Inseln erobert. Doch jeglicher Terrorismus, den man glaubwürdig dem Iran zuschreiben kann, verblasst im Vergleich zu dem der Schurkenstaaten.

Es ist nachvollziehbar, dass diese Schurkenstaaten eine Abschreckung in der Region energisch ablehnen und dass sie eine Kampagne führen, um sich von allen derartigen Hemmnissen zu befreien.

Aber wie weit wird der kleinere Schurkenstaat gehen, um die gefürchtete Abschreckung unter dem Vorwand, es handle sich um eine »Bedrohung seiner Existenz«, auszuschalten? Manche fürchten, dass er sehr weit gehen wird. Micah Zenko vom Council on Foreign Relations warnt in einem Artikel in der Zeitschrift *Foreign Policy*, dass Israel schließlich einen Atomkrieg beginnen könnte. Der Politikwissenschaftler und Berater Zbigniew Brzeziński fordert Washington dringend auf, Israel klarzumachen, dass die US-amerikanische Luftwaffe Israel aufhalten wird, wenn es versucht, den Iran zu bombardieren.

Welche dieser widersprüchlichen Sichtweisen kommt der Realität näher? Die Antwort auf diese Frage ist nicht nur ein interessantes Gedankenspiel. Die Antwort ist von bedeutender Tragweite für die ganze Welt.

Was ist das Gemeinwohl?

6. Januar 2014

Dieses Kapitel ist eine Bearbeitung eines Dewey-Gedenkvortrages, den Noam Chomsky am 6. Dezember 2013 an der Columbia University in New York gehalten hat.

Menschen sind gesellschaftliche Wesen, und was aus einem Menschen wird, hängt maßgeblich von seinen gesellschaftlichen, kulturellen und institutionellen Lebensumständen ab.

Man sollte also untersuchen, welche gesellschaftlichen Strukturen den Rechten und dem Wohlergehen der Menschen sowie der Erfüllung ihrer gerechtfertigten Bestrebungen – kurz gesagt, dem Gemeinwohl – förderlich sind.

Um dem Ganzen Kontext zu verleihen, möchte ich einige Punkte anführen, die mir fast als Binsenweisheiten erscheinen. Sie beziehen sich auf eine interessante Kategorie moralischer Grundsätze: Prinzipien, die nicht nur als allgemein gelten, weil man sich praktisch immer zu ihnen bekennt, sondern doppelt allgemein in dem Sinne, dass sie in der Praxis praktisch allgemein abgelehnt werden.

Die Bandbreite reicht von ganz allgemeinen Grundsätzen, wie der Binsenweisheit, dass wir an uns selbst die gleichen Maßstäbe anlegen sollten (wenn nicht strengere) wie an andere, bis zu spezifischeren, etwa dem Engagement für die Förderung von Demokratie und Menschenrechten, das fast überall verkündet wird, selbst von den schlimmsten Ungeheuern – obwohl die tatsächliche Bilanz über das ganze Spektrum düster ist.

Ein guter Ausgangspunkt ist der Klassiker von John Stuart Mill, *Über die Freiheit*. Er stellte seinem Werk folgendes Epigraph voraus:

»Der höchste und letzte Zweck jedes Menschen ist die höchste und proportionirlichste Ausbildung seiner Kräfte in ihrer individuellen Eigenthümlichkeit; die nothwendigsten Bedingungen der Erreichung derselben: Freiheit des Handelns, und Mannigfaltigkeit der Situationen.«

Es handelt sich um ein Zitat von Wilhelm von Humboldt, einem Mitbegründer des klassischen Liberalismus. Daraus folgt, dass Institutionen, die eine solche Entwicklung des Menschen einschränken, nicht legitim sind, außer sie können ihre Existenz irgendwie rechtfertigen.

Die Sorge um das Gemeinwohl sollte uns also dazu nötigen, die Entwicklung des menschlichen in ihrer größtmöglichen Vielfalt zu pflegen.

Adam Smith, ein weiterer Denker der Aufklärung mit ähnlichen Ansichten, war der Meinung, dass es nicht allzu schwierig sein sollte, eine menschliche Politik zu betreiben. In seinem Werk *Die Theorie der ethischen Gefühle* stellt er fest: »So selbstsüchtig man sich den Menschen auch vorstellen mag, so liegen doch offenbar in seiner Natur Grund-Triebe, die ihm das Schicksal anderer interessant, und ihr Glück ihm nothwendig machen, ob es ihm gleich weiter nichts einbringt, als das Vergnügen, es zu sehen.«

Smith erkennt die Macht dessen, was er den »abscheulichen Leitsatz der Herren der Welt« nennt: »Alles für uns selbst und nichts für andere Menschen.« Aber die gutartigeren »ursprünglichen Triebe der menschlichen Natur« mögen diese Krankheit ausgleichen.

Der klassische Liberalismus erlitt in den Untiefen des Kapitalismus Schiffbruch, doch sein humanistisches Bekenntnis und sein humanistisches Streben leben fort. Rudolf Rocker, ein anarchistischer Theoretiker und Aktivist des 20. Jahrhundert, wiederholte ähnliche Ideen.

Rocker beschreibt einen »eindeutigen Trend in der historischen Entwicklung der Menschheit« in Richtung »der freien, ungehinderten Entfaltung aller individuellen und gesellschaftlichen Kräfte des Lebens«.

Rocker skizzierte eine anarchistische Tradition, die im Anarchosyndikalismus gipfelte – in europäischer Terminologie eine Spielart des »libertären Sozialismus«. Diese Spielart des Sozialismus, meinte er, stelle kein »festes, abgeschlossenes Gesellschaftssystem« mit einer eindeutigen Antwort auf all die mannigfaltigen Fragen und Probleme des menschlichen Lebens vor, sondern eine Tendenz der menschlichen Entwicklung, die nach den Idealen der Aufklärung strebe.

So verstanden ist der Anarchismus Teil eines breiteren Spektrums libertären sozialistischen Denkens und Handelns, das die praktischen Errungenschaften des revolutionären Spaniens 1936 umfasst, über Unternehmen in Arbeiterbesitz im »Rostgürtel« der USA, im Norden Mexikos, in Ägypten und vielen anderen Ländern, vor allem im Baskenland in Spanien, bis hin zu den zahlreichen Genossenschaftsbewegungen auf der ganzen Welt und einem Großteil der feministischen, Bürger- und Menschenrechtsinitiativen.

Diese breite Tendenz der menschlichen Entwicklung versucht, hierarchische, autoritäre und Herrschaftsstrukturen auszumachen, welche die menschliche Entwicklung einschränken, und unterzieht sie einer vertretbaren Herausforderung: Rechtfertigt euch.

Wenn diese Strukturen der Herausforderung nicht gewachsen sind, sollten sie abgeschafft werden, und, wie die Anarchisten meinen, »von unten umgestaltet werden«, wie der Journalist Nathan Schneider schreibt.

Das klingt zum Teil wie eine Binsenweisheit: Warum sollte jemand illegitime Strukturen und Institutionen verteidigen? Doch Binsenweisheiten haben wenigstens den Vorzug, wahr zu sein, was sie von einem guten Teil des politischen Diskurses unterscheidet. Und ich meine, dass sie eine praktische Anleitung sind, um das Gemeinwohl auszumachen.

Für Rocker »ist das Problem, das es nun zu lösen gilt, jenes der Befreiung des Menschen vom Fluch der wirtschaftlichen Ausbeutung sowie von politischer und gesellschaftlicher Versklavung.«

Dabei ist zu beachten, dass die US-amerikanische Spielart des Libertarismus sich deutlich von der libertären Tradition unterscheidet und die Unterordnung arbeitender Menschen unter die Herren der Wirtschaft sowie die Unterordnung aller Menschen unter die strenge Disziplin und die zerstörerischen Merkmale des Marktes nicht nur durchaus akzeptiert, sondern sogar befürwortet.

Der Anarchismus richtet sich bekanntlich gegen den Staat und tritt für eine »planmäßige Verwaltung im Interesse der Gemeinschaft« ein, wie Rocker es formuliert, und darüber hinaus für umfassende Föderationen selbstverwalteter Gemeinschaften und Arbeitsstätten.

Heute unterstützen Anarchisten, die sich diesen Zielen verschrieben haben, die Staatsmacht, um die Menschen sowie die Erde selbst vor den Verwüstungen durch konzentriertes privates Kapital zu beschützen.

Das ist kein Widerspruch. Die Menschen leben und leiden und halten in der bestehenden Gesellschaft aus.

Man muss die vorhandenen Mittel verwenden, um sie zu beschützen und ihnen zu nutzen, selbst wenn das langfristige Ziel es vorsieht, bessere Alternativen aufzubauen.

Die Bewegung der Landarbeiter in Brasilien spricht davon, »die Bodenfläche des Käfigs zu vergrößern« – des Käfigs der bestehenden Zwangsinstitutionen, den man durch den Kampf der Bevölkerung erweitern kann –, was über viele Jahre hinweg auch tatsächlich gelungen ist.

Das Bild vom Käfig kann man auf die staatlichen Institutionen als Schutz vor den wilden Tieren ausweiten, die draußen umherstreifen: vor den räuberischen kapitalistischen Institutionen, die vom Staat unterstützt werden und grundsätzlich nur dem privaten Nutzen, Macht und Herrschaft dienen, wobei die Interessen der Gemeinschaft und der Menschen bestenfalls eine Fußnote sind, die in Worten gepriesen, in Taten aber nicht umgesetzt werden, weder als Prinzipien noch als Gesetz.

Einige der am meisten geschätzten Arbeiten der akademischen Politikwissenschaft vergleichen die öffentliche Meinung mit politischen Maßnahmen der Regierung. Martin Gilens zeigt in seinem Buch *Affluence and Influence: Economic Inequality and Political Power in America*, dass in den USA die Mehrheit der Bevölkerung de facto entrechtet ist.

Etwa 70 Prozent der Bevölkerung am mittleren und unteren Ende der Wohlstands- bzw. Einkommensskala hat keinen Einfluss auf die Politik, schreibt Gilens. Weiter oben auf der Skala nimmt der Einfluss langsam zu. An der Spitze stehen jene, die praktisch die Politik bestimmen, und zwar mit Mitteln, die kein Geheimnis sind. Das System, das sich daraus ergibt, ist keine Demokratie, sondern eine Plutokratie.

Man könnte es auch etwas wohlwollender mit den Worten des Rechtswissenschaftlers Conor Gearty als »Neodemokratie«, eine Partnerin des Neoliberalismus, bezeichnen – ein System, in dem eine Minderheit Freiheit und nur die Elite Sicherheit im eigentlichen Sinne genießt, das Ganze aber innerhalb eines Systems allgemeinerer formaler Rechte.

Ein wahrhaft demokratisches System würde nach Rocker im Gegensatz dazu auf »ein Bündnis freier Gruppen von Menschen und Frauen, das auf genossenschaftlicher Arbeit und einer geplanten Verwaltung der Interessen der Gemeinschaft beruht« hinauslaufen.

Niemand hält den amerikanischen Philosophen John Dewey für einen Anarchisten. Doch sehen wir uns seine Vorstellungen an: Er erkannte, dass »die Macht heute auf der Kontrolle der Produktions-, Austausch-, Werbe-, Transport- und Kommunikationsmittel beruht. Wer immer diese besitzt, herrscht über das ganze Leben in unserem Land«, selbst wenn Formen der Demokratie weiter bestehen. Solange diese Institutionen in den Händen der Öffentlichkeit sind, ist die Politik »bloß ein Schatten, den das Großkapital auf die Gesellschaft wirft«, wie es heute im Wesentlichen der Fall ist.

Diese Erkenntnis führt ganz logisch zu einer Vorstellung von einer Gesellschaft, die auf der Kontrolle der produktiven Institutionen durch die Arbeiter beruht, so wie Denker des 19. Jahrhunderts sie sich vorgestellt haben, insbesondere Karl Marx aber auch – was weniger bekannt ist – John Stuart Mill.

Mill schrieb: »Die Form des Zusammenschlusses, die zu erwarten ist, sollte die Menschheit sich weiter verbessern, ist jedoch ... der Zusammenschluss der Arbeiter selbst, auf Grundlage von Gleichheit, kollektivem Besitz des Kapitals, mit dem sie ihre Arbeit verrichten, und unter Verwaltern, die von ihnen selbst gewählt und abgewählt werden können.«

Den Gründervätern der Vereinigten Staaten waren die Gefahren der Demokratie wohl bewusst. James Madison, der wichtigste Autor der Verfassung, warnte in den Debatten der verfassungsgebenden Versammlung, vor diesen Gefahren.

Er zog natürlich England als Vorbild heran und stellte fest: »Wenn in England heute alle Klassen der Bevölkerung Zugang zu den Wahlen hätten, wäre das Eigentum der Grundbesitzer nicht sicher. Es gäbe bald ein Agrargesetz«, das das Recht auf Grundbesitz untergraben würde.

Das Grundproblem, das Madison bei der »Schaffung eines Systems, von dem wir hoffen, dass es die Zeiten überdauern wird«, sah, bestand darin, sicherzustellen, dass die tatsächliche Herrscherin die Minderheit der Reichen war, »um die Eigentumsrechte vor der Gefahr eines gleichen und allgemeinen Wahlrechtes zu schützen, das die ganze Macht über das Eigentum in die Hände jener legen würde, die über kein Eigentum verfügen.«

Die meisten Wissenschaftler stimmen der Einschätzung des Historikers Gordon S. Wood von der Brown University zu, der schreibt: »Die Verfassung war ihrem Wesen nach ein Dokument der Aristokratie, das dazu dienen sollte, die demokratischen Tendenzen jener Zeit in Schach zu halten.«

Lange vor Madison erkannte Aristoteles in seinem Hauptwerk *Politik* (*Πολιτικά*) dieses Problem mit der Demokratie.

Er bespricht eine Reihe politischer Systeme und kommt zu dem Schluss, dass dieses System die beste Regierungsform sei – oder zumindest das geringste Übel. Doch er weist auf einen Nachteil hin: Die große Masse der Armen könnte ihr Wahlrecht nutzen, um den Reichen ihr Eigentum wegzunehmen, und das wäre unfair.

Madison und Aristoteles kommen zu entgegengesetzten Schlussfolgerungen: Aristoteles rät, die Ungleichheit durch Maßnahmen, die man heute als sozialstaatlich bezeichnen würde, zu vermindern. Madison meinte, die richtige Antwort wäre eine Verminderung der Demokratie.

Thomas Jefferson, der Mann, der die Unabhängigkeitserklärung der Vereinigten Staaten entwarf, erfasste in seinen letzten Lebensjahren die grundlegende Natur des Konfliktes, der bis heute keineswegs vorbei ist. Jefferson machte sich ernste Sorgen über das Wesen und Schicksal des demokratischen Experiments. Er unterschied zwischen »Aristokraten und Demokraten«.

Die Aristokraten sind »jene, die das Volk fürchten und ihm misstrauen, und danach trachten, ihm alle Macht zu entziehen und diese in die Hände der oberen Klassen zu legen«.

Die Demokraten im Gegensatz dazu »identifizieren sich mit dem Volk, vertrauen ihm, schätzen es und halten es für den ehrlichsten und sichersten, wenn auch nicht für den klügsten Wahrer des allgemeinen Interesses.«

Die heutigen Nachfolger der »Aristokraten« im Sinne von Jefferson mögen darüber diskutieren, wer die führende Rolle spielen soll: Technokraten und politikverständige Intellektuelle, oder Bankiers und Unternehmensführer.

Das ist die politische Vormundschaft, welche die echt libertäre Tradition abschaffen und von unten neu aufbauen möchte, wobei sie auch die Industrie nach den Worten von Dewey »von einer feudalistischen in eine demokratische Gesellschaftsordnung« auf der Grundlage von Arbeiterkontrolle verwandeln möchte, welche die Würde der Produzenten als echte Menschen, nicht als Werkzeug in den Händen anderer, achtet.

Wie der alte Maulwurf von Karl Marx, der »sein unterirdisches Werk bereits vollbracht hat und [...] er bald wieder erscheinen wird«,* wühlt die libertäre Tradition stets nahe an der Oberfläche und ist stets bereit, wieder aufzutauchen, manchmal überraschend und unerwartet, um das zu erreichen, was meines Erachtens eine passable Annäherung an das Gemeinwohl ist.

* Zitat aus Bakunins *Philosophie der Tat* — Anm. d. Übers.

Das Recht des Stärkeren

4. Februar 2014

Gegen Ende des Jahres 2013 brachte die BBC einen Bericht über die Ergebnisse einer Umfrage von WIN/Gallup International zu der Frage: »Welches Land ist Ihrer Meinung nach heute die größte Gefahr für den Frieden auf der Welt?«

Die Vereinigten Staaten waren mit Abstand der Gewinner; an zweiter Stelle lag Pakistan mit einem Drittel der Stimmen.

Im Gegensatz dazu wird in US-amerikanischen Intellektuellen- und Medienkreisen diskutiert, ob man den Iran eindämmen kann und ob das gigantische Überwachungssystem der National Security Agency (NSA) wirklich nötig ist, um die Sicherheit der USA zu garantieren.

Angesichts der Umfrage drängen sich eigentlich wichtigere Fragen auf: Kann man die Vereinigten Staaten eindämmen, und wie kann man andere Staaten vor der Bedrohung durch die USA schützen?

In einigen Teilen der Welt gelten die Vereinigten Staaten sogar als noch größere Gefahr für den Weltfrieden. Dies ist vor allem im Nahen Osten der Fall, wo eine überwältigende Mehrheit der Bevölkerung die USA und ihren engen Verbündeten Israel als ihre größte Bedrohung ansehen, und nicht den Iran, den Lieblingsfeind der USA und Israels.

In Lateinamerika stellt kaum jemand das Urteil des kubanischen Nationalhelden José Martí in Frage, der 1894 schrieb: »Je weiter sie sich von den Vereinigten Staaten entfernen, desto freier und wohlhabender werden die (latein)amerikanischen Völker sein.«

Die Einschätzung von Martí hat sich in den letzten Jahren bestätigt, zuletzt im Armutsbericht des UNO-Wirtschaftsausschusses für Lateinamerika und die Karibik (CEPAL), der letzten Monat erschien.

Der CEPAL-Bericht zeigt, dass in Brasilien, Uruguay, Venezuela und einigen anderen Ländern, in denen die USA wenig Einfluss haben, die Armut durch weitreichende Reformen drastisch reduziert wurde, während sie in anderen Ländern – nämlich jenen, die seit Langem von den USA dominiert werden wie Guatemala und Honduras – nach wie vor katastrophal ist. Selbst im relativ wohlhabenden Mexiko, unter dem Schirm des Nordamerikanischen Freihandelsabkommens (NAFTA), ist die Armut gravierend: Im Jahr 2013 stieg die Zahl der Armen um eine Million Menschen.

Manchmal anerkennt man indirekt die Sorgen der Welt auch in den Vereinigten Staaten selbst, etwa als Michael Hayden, der ehemalige Leiter des CIA in einer Erörterung des Drohnen-Mordfeldzuges von Obama sagte: »Es gibt derzeit keine Regierung auf unserem Planeten, die unserer rechtlichen Argumentation zu diesen Operationen zustimmt, außer Afghanistan und vielleicht Israel.«

Jedes normale Land würde sich darüber Sorgen machen, wie es vom Rest der Welt gesehen wird. Gewiss wäre dies der Fall bei einem Land, dass sich um »Anstand und Achtung für die Meinungen des menschlichen Geschlechts« sorgt. Die Vereinigten Staaten sind jedoch weit davon entfernt, ein normales Land zu sein. Sie sind seit einem Jahrhundert die größte Wirtschaftsmacht der Welt und ihre weltweite Hegemonie ist seit dem Zweiten Weltkrieg – trotz eines gewissen Abstiegs, der zum Teil selbst verschuldet ist – praktisch unangefochten.

Die USA, die sich der Bedeutung von "soft power" bewusst sind, unternehmen groß angelegte Kampagnen der »öffentlichen Diplomatie« (man könnte auch sagen: Propaganda), sich ein positives Image zu verschaffen. Diese Kampagnen gehen manchmal mit durchaus positiven politischen Maßnahmen einher. Doch obwohl die Menschen der Welt nach wie vor glauben, dass die Vereinigten Staaten bei Weitem die größte Gefahr für den Frieden ist, berichtet die US-amerikanische Presse kaum über diese Tatsache.

Die Option, ungeliebte Tatsachen zu ignorieren, ist ein Recht des Stärkeren. Eng damit verbunden ist das Recht, Geschichte radikal umzuschreiben.

Ein aktuelles Beispiel ist das Wehklagen über den eskalierenden Konflikt zwischen Sunniten und Schiiten, der den Nahen Osten in Stücke reißt, vor allem im Irak und in Syrien. Das vorherrschende Thema in der US-amerikanischen Berichterstattung ist, dass dieser Kampf eine schreckliche Folge des Rückzugs des US-amerikanischen Militärs aus der Religion, also eine Lektion über die Gefahr des »Isolationismus« sei.

Das Gegenteil entspricht schon eher der Wahrheit. Die Wurzeln dieses Konfliktes innerhalb des Islam sind zahlreich und mannigfaltig, doch es ist nicht zu leugnen, dass die Invasion der USA und Großbritanniens gegen den Irak dieses Schisma erheblich verschärft hat. Und man kann nicht oft genug wiederholen, dass der Angriffskrieg bei den Nürnberger Prozessen als »das schlimmste internationale Verbrechen« definiert wurde, das sich von anderen nur dadurch unterscheide, dass er alle Übel, die sich daraus ergeben, in sich vereine, darunter die gegenwärtige Katastrophe.

Ein bemerkenswertes Beispiel für diese flotte Verdrehung der Geschichte ist die US-amerikanische Reaktion auf die gegenwärtigen Gräueltaten in Falludscha. Das dominante Thema ist der Schmerz über die unnötigen Opfer der amerikanischen Soldaten, die für die Befreiung von Falludscha kämpften und starben. Ein Blick auf die Nachrichten über den US-amerikanischen Angriff auf Falludscha im Jahr 2004 zeigt, dass es sich um eines der schlimmsten und schändlichsten Kriegsverbrechen des ganzen Angriffskrieges gehandelt hat.

Der Tod von Nelson Mandela ist eine weitere Gelegenheit zur Reflexion über die bemerkenswerten Auswirkungen der Konstruktion von Geschichte (des so genannten“historical engineering”), also der Umformung historischer Tatsachen, damit diese den Bedürfnissen der Mächtigen entsprechen.

Als Mandela endlich seine Freiheit erlangte, sagte er: »Während all meiner Jahre in Gefangenschaft waren mir Kuba eine Inspiration und Fidel Castro ein Fels in der Brandung. ... [Kubanische Siege] zerstörten den Mythos der Unbesiegbarkeit der weißen Unterdrücker [und] inspirierten die kämpfenden Massen in Südafrika ... [Sie waren] ein Wendepunkt in der Befreiung unseres Kontinents – und meines Volkes – von der Geißel der Apartheid. ... Welches andere Land hat ein Beispiel größerer Selbstlosigkeit vorzuweisen als Kuba in seinen Beziehungen mit Afrika?«

Die Namen der Kubaner, die bei der Verteidigung von Angola gegen den von den USA unterstützten Angriffskrieg Südafrikas den amerikanischen Forderungen, sie mögen das Land verlassen, trotzten und im Kampf starben, sind in auf der »Mauer der Namen« im Freiheitspark von Pretoria verzeichnet. Auch die Tausenden kubanischen Entwicklungshelfer, die Angola unterstützten und vor allem von Kuba bezahlt wurden, sind nicht vergessen.

Die von den USA genehmigte Version der Geschichte sieht etwas anders aus. Schon seit den ersten Tagen nach der Zustimmung Südafrikas im Jahr 1988, sich aus dem illegal besetzten Namibia zurückzuziehen, was dem Ende der Apartheid den Weg ebnete, wurde das Ergebnis vom *Wall Street Journal* als »Glanzleistung« der US-amerikanischen Diplomatie beweihräuchert, als »eine der wichtigsten außenpolitischen Leistungen der Regierung Reagan«.

Die Gründe, warum Mandela und die Südafrikaner im Allgemeinen ein ganz anderes Bild von den Ereignissen haben, kann man in der meisterhaften Studie *Visions of Freedom. Havana, Washington, Pretoria, and the Struggle for Southern Africa, 1976–1991* von Piero Gleijeses nachlesen.

Gleijeses legt überzeugend dar, wie der südafrikanische Aggressionskrieg und Terror gegen Angola sowie die südafrikanische Besatzung Namibias durch die »militärische Stärke Kubas« gemeinsam mit dem »erbitterten Widerstand der Schwarzen« innerhalb Südafrikas und dem Mut der namibischen Guerillas beendet wurden. Die namibischen Befreiungskräfte gewannen spielend in fairen Wahlen, sobald diese abgehalten wurden. Auch aus den Wahlen in Angola ging die von Kuba unterstützte Regierung als Siegerin hervor, während die Vereinigten Staaten weiterhin die grausamen Terroristen der Opposition unterstützten, selbst nachdem Südafrika gezwungen worden war, sich herauszuhalten.

Die Reagan-Anhänger waren bis zuletzt die Einzigen, die das Apartheidregime und seine mörderischen Feldzüge in den Nachbarländern nach Kräften unterstützten. Diese schändlichen Episoden mögen aus den Geschichtsbüchern der USA getilgt sein, doch andere verstehen die Worte von Mandela meist gut.

In diesem und allzu vielen anderen Fällen ist überwältigende Macht ein Schutz vor der Realität – wenigstens in gewissem Grade.

Sicherheit und Politik

3. März 2014

Dieses erste von zwei Kapiteln ist eine Bearbeitung eines Vortrages, den Noam Chomsky am 28. Februar 2014 auf Einladung der Nuclear Age Peace Foundation im kalifornischen Santa Barbara gehalten hat.

Ein Leitgrundsatz in der internationalen Politikwissenschaft ist, dass Sicherheit die höchste Priorität eines Staates ist. Von George F. Kennan, einem Strategen aus dem Kalten Krieg, stammt die Standardformulierung, dass Regierungen gebildet werden, »um Ordnung und Recht im Land aufrechtzuerhalten und die Allgemeinheit nach Außen zu verteidigen«.

Die These wirkt glaubwürdig, ja fast selbstverständlich, bis wir sie uns genauer ansehen und fragen: Sicherheit für wen? Für die breite Masse der Bevölkerung? Für die Staatsmacht selbst? Für die herrschenden Bevölkerungsschichten im Land?

Je nachdem, was wir meinen, ist die These entweder sehr plausibel oder überhaupt nicht.

Sicherheit für die Staatsmacht steht ganz an oberster Stelle, wie man an den Bemühungen sieht, die Staaten unternehmen, um sich selbst vor den prüfenden Blicken ihrer eigenen Bevölkerung zu schützen.

Edward J. Snowden sagte in einem Interview mit einem deutschen Fernsehsender, dass für ihn die »Grenze des Erträglichen« erreicht war, als er »James Clapper sah, den Director of National Intelligence, als er unter Eid den Kongress belog«, indem er die Existenz des Bespitzelungsprogrammes der NSA gegen die eigene Bevölkerung leugnete.

Snowden weiter: »Die Öffentlichkeit hatte ein Recht, über diese Programme Bescheid zu wissen. Die Öffentlichkeit hatte ein Recht zu wissen, was die Regierung in ihrem Namen tut, und was die Regierung gegen die Bevölkerung tut.«

Dasselbe könnten zurecht auch Daniel Ellsberg, Chelsea Manning und andere mutige Männer und Frauen sagen, die nach demselben demokratischen Prinzip handelten.

Die Regierung vertritt eine ganz andere Position: Die Öffentlichkeit hat kein Recht, etwas zu erfahren, weil dies die Sicherheit untergraben würde – und zwar erheblich, machen Regierungsvertreter geltend.

Aus mehreren guten Gründen sollte man dieser Antwort skeptisch gegenüberstehen. Der erste ist, dass sie völlig vorhersehbar war: Wenn eine Aktion der Regierung aufgedeckt wird, schützt sie reflexartig Sicherheit vor. Diese automatische Antwort ist daher wenig informativ.

Ein zweiter Grund, skeptisch zu sein, ist der Charakter der Beweise, die vorgelegt wurden.

John Mearsheimer, ein Spezialist für internationale Politikwissenschaft, schreibt: »Die Regierung Obama behauptete zunächst wenig überraschend, dass die Bespitzelung durch die NSA bei der Aufdeckung von 54 geplanten Terroranschlägen gegen die Vereinigten Staaten eine Schlüsselrolle gespielt hatte, womit sie andeutete, aus gutem Grund gegen den vierten Zusatz zur Verfassung verstoßen zu haben. Das war jedoch glatt gelogen. General Keith Alexander, der Leiter der NSA, gab schließlich vor dem Kongress zu, dass er nur einen einzigen Erfolg vorzuweisen hatte: ein Einwanderer aus Somalia und drei seiner Kumpane, die in San Diego lebten, wurden geschnappt. Sie hatten einer terroristischen Gruppe in Somalia 8500 Dollar geschickt.«

Das Privacy and Civil Liberties Oversight Board, das von der Regierung eingerichtet wurde, um die NSA-Programme zu überprüfen, und daher weitreichenden Zugang zu Verschlusssachen und Sicherheitsbeamten hatte, kam zu einem ähnlichen Schluss.

Natürlich stellt öffentliche Aufmerksamkeit in gewissem Sinne eine Gefährdung der Sicherheit dar, nämlich der Gefahr, dass staatliche Missstände aufgedeckt werden.

Samuel P. Huntington, ein Politikwissenschaftler an der Harvard University, drückte diese grundlegende Einsicht treffend aus: »Die Architekten der Macht in den Vereinigten Staaten müssen eine Kraft erzeugen, die man spürt, aber nicht sieht. Die Macht ist stark, solange sie im Dunkeln operiert; dem Sonnenlicht ausgesetzt, verflüchtigt sie sich.«

In den Vereinigten Staaten verstehen die Architekten der Macht dies genauso gut wie anderswo. Jedem, der sich durch die riesige Zahl freigegebener Dokumente gearbeitet hat, zum Beispiel jenes zu *Foreign Relations of the United States*, der offiziellen Geschichte des Außenministeriums, muss auffallen, wie oft die Sicherheit der Staatsmacht vor der Öffentlichkeit im eigenen Lande die Hauptsorge ist, nicht nationale Sicherheit in sinnvoller Weise.

Der Versuch der Geheimhaltung ist häufig von der Notwendigkeit getrieben, die Sicherheit mächtiger Bevölkerungsschichten oder Branchen im Land zu schützen. Eine Reihe von Beispielen dafür stellen die fälschlich so bezeichneten »Freihandelsabkommen« dar – falsch bezeichnet, da sie drastisch gegen Prinzipien des Freihandels verstoßen und im Wesentlichen überhaupt nichts mit Handel zu tun haben, sondern mit Investorenrechten.

Diese Abkommen werden gewöhnlich im Geheimen ausgehandelt, so wie derzeit das Trans-Pacific Partnership – aber natürlich nicht unter völliger Geheimhaltung. Vor den hunderten Firmenlobbyisten und Anwälten, welche die einzelnen Bestimmungen ausformulieren, deren mögliche Auswirkungen aus den wenigen Teilen, die aufgrund der Veröffentlichung bei WikiLeaks durchsickerten, bekannt wurden, werden diese Abkommen natürlich nicht geheim gehalten.

Der Wirtschaftswissenschaftler Joseph E. Stiglitz kommt zu dem begründeten Schluss: Da das Büro des US-Handelsbeauftragten »Unternehmerinteressen vertritt« und nicht jene der Öffentlichkeit, »ist die Wahrscheinlichkeit gering, dass das, was aus den bevorstehenden Verhandlungen herauskommt, im Interesse einfacher Amerikaner sein wird; die Aussichten für einfache Bürger anderer Länder sind noch trüber.«

Die Sicherheit der Unternehmer ist eine ständige Sorge der staatlichen Politik, was aufgrund der Rolle, die den Unternehmern im Prozess der Politikgestaltung zukommt, kaum verwundert.

Im Gegensatz dazu deutet vieles darauf hin, dass die Sicherheit der eigenen Bevölkerung – die Bedeutung, die der Begriff »nationale Sicherheit« angeblich hat – keine sehr hohe Priorität für die Politik der Regierung darstellt.

Das weltweite Drohnen-Mordprogramm von Präsident Obama beispielsweise, die mit Abstand größte terroristische Kampagne der Welt, ist auch eine Kampagne zur Erzeugung von Terror. General Stanley A. McChrystal, der abgesetzte Befehlshaber der US- und NATO-Truppen in Afghanistan, sprach von »Aufstandsmathematik«: Mit jedem unschuldigen Menschen, den man tötet, bringt man zehn neue Feinde hervor.

Diese Vorstellung von »unschuldigen Menschen« zeigt, wie weit es mit uns in den letzten 800 Jahren seit der *Magna Carta* gekommen ist, die das Prinzip der Unschuldsvermutung einführte, das einst als Grundlage des anglo-amerikanischen Rechtssystems galt.

Heute bedeutet das Wort »schuldig« »von Obama zur Ermordung ausgewählt«, und »unschuldig« bedeutet »noch nicht zur Ermordung ausgewählt«.

Die Brookings Institution hat gerade eine hoch gelobte anthropologische Studie von Akbar Ahmed über Stammesgesellschaften unter dem Titel *The Thistle and the Drone* (»Distel und Drohne«) herausgebracht, mit dem Untertitel *How America's War on Terror*

Became a Global War on Tribal Islam (»Wie aus dem amerikanischen Krieg gegen den Terror ein weltweiter Krieg gegen islamische Stammesgesellschaften wurde«).

Dieser weltweite Krieg übt Druck auf unterdrückerische Zentralregierungen aus, Angriffe gegen Stämme, die Washington feindlich gesinnt sind, durchzuführen. Ahmed warnt, dass dieser Krieg bis zur »Ausrottung« mancher Stämme führen kann, was diese Gesellschaften, wie man gerade in Afghanistan, Pakistan, Somalia und im Jemen sieht, einen hohen Preis kostet. Und letztlich auch die Amerikaner.

Ahmed weist darauf hin, dass Stammeskulturen auf Ehre und Rache beruhen: »Jeder Akt der Gewalt in diesen Stammesgesellschaften ruft einen Gegenangriff hervor: je schwerer der Angriff auf die Stammesangehörigen, desto grausamer und blutiger der Gegenangriff.«

Die Angriffe auf die Terroristen könnten auch bald uns selbst betreffen. David Hastings Dunn umreisst in der britischen Zeitschrift *International Affairs*, dass die immer ausgeklügelteren Drohnen die perfekte Waffe für terroristische Gruppen sind. Drohnen sind billig, leicht zu bekommen und »haben viele Merkmale, die sie zusammengenommen zum idealen Mittel für einen terroristischen Angriff im 21. Jahrhundert machen.«

Senator Adlai Stevenson III. schreibt mit Bezug auf seinen langjährigen Dienst im Geheimdienstausschuss des Senates: »Computerüberwachung und die Erhebung von Metadaten sind Teil der andauernden Reaktion auf die Anschläge vom 11. September, aber sie haben ganz wenige oder überhaupt keine Ermittlungserfolge vorzuweisen und werden praktisch allgemein verurteilt. Der Kampf der USA wird weithin als Krieg gegen den Islam vom Persischen Golf bis nach Zentralasien gesehen, sowohl gegen Schiiten als auch gegen Sunniten, mit Soldaten vor Ort, mit Drohnen und als Stellvertreterkrieg in Palästina. Deutschland und Brasilien stören sich an unseren Eingriffen, und was haben sie uns gebracht?«

Die Antwort ist, dass sie uns eine immer größere Terrorgefahr und dazu noch internationale Isolierung gebracht haben.

Die Drohnen-Mordprogramme sind ein Mittel, mit dem die staatliche Politik wissentlich die Sicherheit gefährdet. Das gilt auch für die mörderischen Operationen der Spezialeinheiten.

Und natürlich für die Invasion gegen den Irak, die zu einem starken Anstieg des Terrors im Westen geführt hat, so wie britische und US-amerikanische Geheimdienste es vorhergesagt hatten.

Diese Akte der Aggression kümmerten die Entscheidungsträger natürlich nicht, denn sie lassen sich von ganz anderen Vorstellungen von Sicherheit leiten. Selbst die sofortige Vernichtung durch Atomwaffen hat keinen besonders hohen Stellenwert für staatliche Behörden, wie im nächsten Kapitel dargestellt werden soll.

Überlebenschancen

31. März 2014

Dieses zweite von zwei Kapiteln ist eine Bearbeitung eines Vortrages, den Noam Chomsky am 28. Februar 2014 auf Einladung der Nuclear Age Peace Foundation im kalifornischen Santa Barbara gehalten hat.

Im vorigen Kapitel wurde untersucht, in welcher Form Sicherheit eine hohe Priorität für staatliche Entscheidungsträger hat, d. h. Sicherheit der staatlichen Macht und ihrer Basis, konzentrierter privater Macht – alles Dinge, die es erforderlich machen, dass die staatliche Politik vor dem kritischen Blick der Öffentlichkeit geschützt wird.

In diesem Sinne stellt sich das staatliche Handeln als recht vernünftig heraus, was die Vernunft eines kollektiven Selbstmordes miteinschließt. Selbst die sofortige Vernichtung durch Atomwaffen hat keinen besonders hohen Stellenwert für staatliche Behörden.

Hier ist ein Beispiel gegen Ende des Kalten Krieges: Im November 1983 begann die NATO unter Führung der USA eine Truppenübung, um die russische Luftabwehr zu sondieren und simulierte dafür Luftwaffen- und Marineangriffe und sogar einen Atomwaffenalarm.

Diese Manöver fanden während einer besonders angespannten Lage statt. In Europa wurden Pershing-II-Raketen aufgestellt. Präsident Reagan, der gerade seine Rede über das »Reich des Bösen« gehalten hatte, hatte die Strategic Defense Initiative verkündet, auch "Star Wars" genannt, die von den Russen als Waffe für den Erstschlag verstanden wurde – die übliche Interpretation von Raketenabwehrsystemen beider Seiten.

All dies ließ in Russland – das im Gegensatz zu den USA recht verwundbar war und bereits mehrere Invasionen hinter sich hatte – die Alarmglocken schrillen.

Vor Kurzem wurde Archivmaterial freigegeben, das zeigt, dass die Gefahr sogar noch größer war, als Historiker bisher angenommen hatten. Die NATO-Übung wurde nach einem Bericht von Dmitry Adamsky im *Journal of Strategic Studies* letztes Jahr »beinahe zu einem Vorspiel zu einem atomaren Präventivschlag« Russlands.

Und das war nicht das einzige Mal, dass wir knapp der Vernichtung entgingen. Im September 1983 meldete das russische Frühwarnsystem den Anflug einer Rakete aus den Vereinigten Staaten und gab die höchste Alarmstufe aus. Das militärische Standardprotokoll der Sowjetunion sah einen Gegenschlag mit den eigenen Atomwaffen vor.

Stanislaw Petrow, der diensthabende Offizier, vermutete einen falschen Alarm und entschied, die Warnung nicht an seine Vorgesetzten weiterzuleiten. Dank seiner Pflichtversäumnis sind wir noch am Leben und können über diesen Zwischenfall sprechen.

Der Sicherheit der Bevölkerung maßen die Entscheidungsträger unter Reagan genauso wenig Priorität zu wie ihre Vorgänger. Diese Achtlosigkeit besteht bis heute fort, ganz abgesehen von den zahlreichen Zwischenfällen, die beinahe zur Katastrophe führten, die Eric Schlosser in seinem Angst einflößenden neuen Buch *Command and Control. Die Atomwaffenarsenale der USA und die Illusion der Sicherheit* auflistet.

Man kann der Schlussfolgerung von General Lee Butler, dem letzten Befehlshaber des Strategic Air Command, kaum widersprechen, dass die Menschheit das Atomzeitalter bisher nur »durch ein Zusammentreffen von Geschick, Glück und göttlicher Intervention, und zwar meines Erachtens vor allem letzterer« überlebt hat.

Die Routiniertheit, mit der unsere Regierung leichthin Bedrohungen für unser Überleben hinnimmt, spottet jeglicher Beschreibung.

Im Jahr 1995, lange nach dem Zusammenbruch der Sowjetunion, veröffentlichte das US Strategic Command (Stratcom), das für die Atomwaffen zuständig ist, eine Studie unter dem Titel *Essentials of Post-Cold War Deterrence* (»Grundlagen der Abschreckung seit dem Ende des Kalten Krieges«).

Eine zentrale Schlussfolgerung ist, dass die USA sich das Recht des atomaren Erstschlages vorbehalten müssen, selbst gegen Länder, die keine Atomwaffen besitzen. Außerdem müssen stets Atomwaffen bereit sein, da diese »einen Schatten über jegliche Krise oder jeglichen Konflikt werfen«.

In diesem Sinne werden Atomwaffen ständig eingesetzt, so wie man eine Pistole einsetzt, wenn man mit ihr auf jemanden zielt, aber nicht abdrückt, wenn man ein Geschäft ausraubt – das ist ein Punkt, den Daniel Ellsberg, der die Pentagon-Papiere veröffentlichte, immer wieder unterstreicht.

Stratcom rät außerdem, dass »Entscheidungsträger nicht allzu rational vorgehen sollten, wenn es darum geht, zu bestimmen ... was einem Gegner wichtig ist«, denn alles, was dem Gegner wichtig ist, ist ein Ziel. »Es schadet nur, uns selbst als völlig rational und besonnen darzustellen. ... Dass die USA irrational und rachsüchtig handeln können, wenn ihre grundlegenden Interessen angegriffen werden, sollte ein Teil des Bildes von unserer Nation sein, das wir allen Gegnern vermitteln.«

Es sei für unsere strategische Ausrichtung »nützlich, das einige Elemente scheinbar ›außer Kontrolle‹ geraten könnten«, und damit die ständige Bedrohung eines Atomangriffes darstellen.

Kaum etwas in diesem Dokument ist mit der Verpflichtung des Atomwaffensperrvertrages in Einklang zu bringen, »aufrichtige« Bemühungen zu unternehmen, die Welt von der Geißel der Atomwaffen zu befreien. Was hier erklingt, ist vielmehr eine Spielart des berühmten Zweizeilers von Hilaire Belloc aus dem Jahr 1898 über das Maxim-Maschinengewehr:

Whatever happens we have got,
The Atom Bomb and they have not.*

Die Aussichten für die Zukunft sind alles andere als rosig. Im Dezember berichtete das Congressional Budget Office, dass das US-amerikanische Atomwaffenarsenal in den kommenden zehn Jahren 355 Milliarden Dollar kosten wird.

Im Januar schätzte das James Martin Center for Nonproliferation Studies, dass die USA in den nächsten dreißig Jahren eine Billion Dollar für das Atomwaffenarsenal ausgeben werden.

Und die Vereinigten Staaten sind in dem Wettrüsten natürlich nicht alleine. Wie Butler feststellt, ist es geradezu ein Wunder, dass wir bisher der Vernichtung von der Klinge gesprungen sind. Je länger wir das Schicksal herausfordern, desto unwahrscheinlicher ist es, dass wir darauf hoffen dürfen, dass göttliche Intervention das Wunder fortsetzt.

Was die Atomwaffen betrifft, wissen wir an sich wenigstens, wie die drohende Apokalypse aufzuhalten ist: Man muss sie abschaffen.

Jeder Gedanke an die Zukunft wird jedoch von einer weiteren schrecklichen Gefahr überschattet: der drohenden Umweltkatastrophe. Es ist nicht gesagt, dass es überhaupt ein Entrinnen gibt, doch je länger wir die Lösungen aufschieben, desto schlimmer wird die Bedrohung, und es geht dabei nicht um eine ferne Zukunft. Wie wenig ernst die Regierungen die Sicherheit ihrer Bevölkerung nehmen, zeigt sich daher deutlich daran, wie sie mit diesem Problem umgehen.

Die Vereinigten Staaten trumpfen heute mit »hundert Jahren Energieautarkie« auf, und das Land wird zum »Saudi-Arabien des nächsten Jahrhunderts«, das sehr wahrscheinlich auch das letzte Jahrhundert menschlicher Kultur sein wird, wenn es politisch so weitergeht wie bisher.

Die Rede von Präsident Obama vor zwei Jahren in der Ölstadt

* Egal was kommt, wir haben die Atombombe und sie nicht.

Cushing in Oklahoma kann man als eloquente Grabrede auf die menschliche Art verstehen.

Er verkündete voll Stolz und unter tosendem Applaus: »Heute, unter meiner Regierung, produziert Amerika so viel Öl wie noch nie während der letzten acht Jahre. Das sollte man im Auge behalten. In den letzten Jahren habe ich meine Regierung angewiesen, in 23 verschiedenen Bundesstaaten insgesamt mehrere Millionen *Acres** Land für Öl- und Gaserschließung freigegeben. Wir erschließen mehr als 75 Prozent unserer geschätzten Offshore-Ölvorkommen. Wir haben die Zahl unserer Bohrinseln auf eine Rekordhöhe vervierfacht. Wir haben Öl- und Gas-Pipelines von einer Länge gebaut, die mehr als einmal um die Erde herum reichen würde.«

Auch der Applaus sagt etwas darüber aus, wie ernst die Regierung die Sicherheit nimmt.

Unternehmensprofite werden gewiss geschützt, denn »mehr Öl und Gas bei uns im eigenen Land« zu produzieren wird weiterhin »ein entscheidendes Element« der Energiestrategie sein, wie der Präsident versprach.

Die Industrie führt große Propagandaschlachten durch, um die Öffentlichkeit zu überzeugen, dass die Klimaerwärmung, falls sie überhaupt stattfindet, nicht das Ergebnis menschlicher Aktivitäten ist. Diese Bemühungen zielen darauf ab, die übermäßige Vernunft der Öffentlichkeit zu bezwingen, die sich noch immer Sorgen wegen der Gefahren macht, die die überwältigende Mehrheit der Wissenschaftler als nahezu gewiss und verhängnisvoll einschätzt.

Grob gesagt: Nach dem moralischen Kalkül des heutigen Kapitalismus wiegt eine fette Prämie morgen das Schicksal der eigenen Enkelkinder auf.

Wie sehen also unsere Überlebenschancen aus? Nicht besonders gut. Doch die Erfolge jener, die Jahrhunderte lang für mehr Freiheit und Gerechtigkeit gekämpft haben, sind ein Erbe, das man aufgreifen

* 1 Million *Acres* ≈ 4047 Quadratkilometer — Anm. d. Übers.

und weiterführen kann und muss, und zwar bald, wenn wir uns Hoffnung auf ein menschenwürdiges Überleben machen wollen. Und nichts legt beredter Zeugnis darüber ab, was für Geschöpfe wir sind.

Rote Linien in der Ukraine und anderswo

30. April 2014

Die gegenwärtige Krise in der Ukraine ist eine derart ernste Gefahr, dass einige Berichterstatter sie sogar mit der Kuba-Krise von 1962 vergleichen.

Der Journalist Thanassis Cambanis formuliert die Kernfrage in seiner Kolumne im *Boston Globe* kurz und bündig: »[Präsident Wladimir W.] Putins Annexion der Krim ist ein Bruch der Ordnung, auf die sich Amerika und seine Verbündeten seit dem Ende des Kalten Krieges verlassen, nämlich eine Ordnung, in der die Großmächte nur dann militärisch intervenieren, wenn sie einen internationalen Konsens hinter sich wissen, oder falls das nicht der Fall ist, wenn sie nicht die roten Linien einer rivalisierenden Macht übertreten.«

Das schlimmste internationale Verbrechen unseres Zeitalters, die amerikanisch-britische Invasion gegen den Irak, war deshalb kein Bruch der Weltordnung, da die Angreifer zwar nicht international unterstützt wurden, aber auch nicht die roten Linien Russlands oder Chinas übertraten.

Im Gegensatz dazu sind die Übernahme der Krim und Putins Ambitionen in der Ukraine eine Übertretung roter Linien der USA. Deshalb »konzentriert sich Obama darauf, Putins Russland zu isolieren, indem er seine wirtschaftlichen und politischen Verbindungen mit der Außenwelt durchtrennt, seine Expansionsbestrebungen in seiner unmittelbaren Nachbarschaft einschränkt und es de facto zu einem Paria-Staat macht«, berichtet Peter Baker in der *New York Times*.

Kurz gesagt: Die roten Linien Amerikas umschließen Russland exakt an seinen Grenzen. Deshalb sind die russischen Bestrebungen »in seiner unmittelbaren Nachbarschaft« ein Verstoß gegen die Weltordnung und lösen Krisen aus.

Das lässt sich auch verallgemeinern. Anderen Ländern gestattet man es manchmal, rote Linien zu haben – an ihren Grenzen (wo sich auch die roten Linien der Vereinigten Staaten befinden). Das gilt allerdings zum Beispiel nicht für den Irak. Oder für den Iran, dem die USA ständig mit einem Angriff droht (»Wir halten uns alle Optionen offen«).

Diese Drohungen sind nicht nur ein Verstoß gegen die Charta der Vereinten Nationen, sondern auch gegen eine Resolution der UNO-Vollversammlung, in der Russland verurteilt wird und die von den Vereinigten Staaten gerade unterschrieben wurde. Die Resolution beginnt damit, dass sie den Passus der UNO-Charta unterstreicht, der »die Androhung oder den Einsatz von Gewalt« in internationalen Angelegenheiten verbietet.

Die Kuba-Krise zeigte auch deutlich die roten Linien der Großmächte auf. Die Welt kam einem Atomkrieg gefährlich nahe, als Präsident Kennedy das Angebot von Partei- und Regierungschef Chruschtschow ablehnte, die Krise durch einen gleichzeitigen und öffentlichen Abzug der sowjetischen Raketen aus Kuba und der amerikanischen Raketen aus der Türkei zu beenden. (Zu diesem Zeitpunkt war bereits vorgesehen, die US-amerikanischen Raketen durch viel tödlichere Polaris-U-Boote zu ersetzen, die Teil des gigantischen Systems waren, Russland mit Vernichtung zu drohen.)

Auch in diesem Fall lagen die roten Linien der Vereinigten Staaten genau an den Grenzen Russlands, und das wurde von allen Seiten akzeptiert.

Die US-amerikanische Invasion gegen Indochina war – so wie die Invasion gegen den Irak – keine Übertretung roter Linien, ebenso wenig wie die zahlreichen anderen Verwüstungen, welche die USA auf der ganzen Welt angerichtet haben. Um den springenden Punkt zu wiederholen: Gegner dürfen auch manchmal rote Linien haben, doch die decken sich mit ihren eigenen Grenzen, an denen auch die roten Linien Amerikas liegen. Wenn ein Gegner »Expansionsbestrebungen in seiner unmittelbaren Nachbarschaft« hat und damit die roten Linien der USA übertritt, gibt es eine internationale Krise.

Professor Yuen Foong Khong von der Oxford University schreibt in der Zeitschrift *International Security*, die von der Harvard University und vom Massachusetts Institute of Technology herausgegeben wird: »Es gibt (über Parteigrenzen hinweg) eine lange Tradition in den strategischen Überlegungen der USA: Eine Regierung nach der anderen hat betont, dass die Vereinigten Staaten ein grundlegendes Interesse daran haben, zu verhindern, dass ein feindlicher Hegemon irgendeine wichtige Region der Welt dominiert.«

Außerdem herrscht allgemeine Übereinstimmung, dass die Vereinigten Staaten »ihre Vorherrschaft erhalten« müssen, denn »die Hegemonie der USA erhält regionalen Frieden und Stabilität« – letzteres ein künstlicher Ausdruck, der die Unterordnung unter US-amerikanische Forderungen bedeutet.

Der Zufall will es, dass die Welt das anders sieht und in Umfragen die Vereinigten Staaten als »Paria-Staat« sowie als mit Abstand »größte Gefahr für den Weltfrieden« betrachtet. Doch was weiß die Welt schon?

Khong befasst sich in seinem Artikel mit der Krise in Asien aufgrund des Aufstiegs von China, das sich in Richtung »wirtschaftlicher Vormachtstellung in Asien« bewegt, so wie Russland »Expansionsbestrebungen in seiner unmittelbaren Nachbarschaft« hat und somit rote Linien der USA überschreitet.

Präsident Obama bestätigte auf seiner jüngsten Asienreise die »lange Tradition [über Parteigrenzen hinweg]«, wie es diplomatisch formuliert wurde.

Die nahezu durchgängige Verurteilung von Putin im Westen richtet sich auch gegen seine »emotionale Ansprache«, in der er sich bitterlich beklagte, dass die USA und ihre Verbündeten »uns mit der NATO-Osterweiterung und mit der Stationierung militärischer Infrastruktur an unseren Grenzen immer wieder betrogen, Entscheidungen hinter unserem Rücken gefällt und uns vor vollendete Tatsachen gestellt haben. Immer wieder haben sie uns das Gleiche erzählt: ›Nun, das betrifft euch nicht.‹«

Die Beschwerden von Putin sind sachlich korrekt. Als Präsident Gorbatschow die Vereinigung Deutschlands als Teil der NATO akzeptierte – im Lichte der Geschichte ein verblüffendes Zugeständnis – erbrachte der Westen keine Gegenleistung. Washington willigte in Bezug auf Ostdeutschland ein, dass die NATO sich »keine Handbreit weiter nach Osten« bewegen würde.

Das Versprechen wurde sofort gebrochen, und als Gorbatschow sich beschwerte, beschied man ihm, dass es sich nur um eine mündliche Zusage gehandelt habe, die also nicht bindend sei.

Präsident Clinton machte weiter und weitete die NATO noch viel weiter nach Osten aus, bis an die russischen Grenzen. Heute gibt es sogar Stimmen, die nach einer Ausweitung der NATO bis in die Ukraine rufen, tief in die historische »Nachbarschaft« Russlands. Aber das »betrifft« die Russen nicht, denn die amerikanische Verantwortung »für Frieden und Stabilität« erfordert es, dass die amerikanischen roten Linien genau an der Grenze zu Russland liegen.

Die russische Annexion der Krim war ein illegaler Akt, ein Verstoß gegen das Völkerrecht und konkrete Abkommen. In den letzten Jahren ist kaum ein ähnlicher Fall auszumachen; die Invasion gegen den Irak ist ein viel größeres Verbrechen.

Ein vergleichbares Beispiel gibt es allerdings: Die US-amerikanische Kontrolle über Guantánamo im Südosten Kubas. Die USA setzten Kuba 1903 ein Messer an die Kehle, um ihm Guantánamo zu entreißen, und gaben es nicht wieder zurück, trotz entsprechender Forderungen Kubas, seit es 1959 die Unabhängigkeit erlangte.

Russland hat allerdings bei Weitem überzeugendere Argumente. Abgesehen von der starken einheimischen Unterstützung für die Annexion gehört die Krim historisch gesehen zu Russland; sie verfügt über den einzigen eisfreien Hafen Russlands; sie ist der Heimathafen der russischen Marine; und sie hat eine enorme strategische Bedeutung. Die Vereinigten Staaten können überhaupt keine Ansprüche auf Guantánamo geltend machen, abgesehen von ihrem Gewaltmonopol.

Ein Grund, warum die Vereinigten Staaten sich weigern, Guantánamo an Kuba zurückzugeben, ist wohl die Tatsache, dass es sich um einen wichtigen Hafen handelt und dass die US-amerikanische Kontrolle über die Region die Entwicklung Kubas erheblich behindert. Das ist ein wichtiges Ziel der US-amerikanischen Politik seit fünfzig Jahren, das sie auch mit groß angelegtem Terror und mit einem Wirtschaftskrieg verfolgen.

Die Vereinigten Staaten behaupten, sie seien entsetzt über Menschenrechtsverletzungen in Kuba, wobei sie geflissentlich übersehen, dass die schlimmsten dieser Menschenrechtsverletzungen in Guantánamo stattfinden; der berechtigte Vorwurf an Kuba ist nicht einmal annähernd vergleichbar mit der gängigen Praxis der Vasallenstaaten von Washington in Lateinamerika. Die USA übersehen auch, dass Kuba seit seiner Unabhängigkeit unter schweren und unablässigen Angriffen der USA leidet.

Nichts von alledem ist eine Übertretung irgendwelcher roten Linien oder Auslöser für eine Krise. All das fällt unter dieselbe Kategorie wie die US-amerikanischen Invasionen gegen Indochina und den Irak, die gängige Praxis, parlamentarische Regierungen zu stürzen und alle möglichen Diktaturen zu installieren und die ganze lange Liste unserer Manöver, um »Frieden und Stabilität zu wahren«.

Edward J. Snowden, der meistgesuchte Verbrecher der Welt

30. Mai 2014

In den letzten Monaten haben wir nützliche Lektionen über das Wesen der Staatsmacht und die Triebkräfte der staatlichen Politik gelernt, sowie im engen Zusammenhang damit, über das subtile und vielschichtige Konzept der Transparenz.

Im Zentrum der Lektion steht natürlich der wahre Schatz an Dokumenten über das Bespitzelungssystem der National Security Agency (NSA), den der mutige Freiheitskämpfer Edward J. Snowden veröffentlichte und den sein Kollege Glenn Greenwald in seinem neuen Buch *Die globale Überwachung* zusammenfasst und analysiert.

Die Dokumente decken ein bemerkenswertes Projekt auf, wichtige Informationen über jede Person, die in Reichweite des Kolosses ist – also im Prinzip jeder Person, die in der modernen elektronischen Gesellschaft lebt – dem Staat zur Überprüfung auszuhändigen.

Selbst die schlimmsten Vorstellungen dystopischer Propheten reichen nicht an die düsteren totalitären Aussichten für die Zukunft heran.

Dabei ist nicht unwesentlich, dass dieses Projekt in einem der freiesten Länder der Welt umgesetzt wird, wobei es sich um einen drastischen Verstoß gegen die Bill of Rights, die ersten zehn Zusatzartikel zur Verfassung der Vereinigten Staaten, handelt, welche die Bürger vor »willkürlichen Durchsuchungen und Beschlagnahmungen« schützt und die Privatsphäre »der Person und der Wohnung, der Urkunden und des Eigentums« garantiert.

Die Regierungsjuristen mögen anstellen, was sie wollen; diese Prinzipien sind nicht mit den Übergriffen gegen die Bevölkerung in Einklang zu bringen, die in den Snowden-Dokumenten enthüllt wurden.

Man erinnere sich auch daran, dass die Verteidigung des Grundrechtes der Privatsphäre einer der Auslöser der Amerikanischen Revolution gewesen ist. Im 18. Jahrhundert war der Tyrann die britische Regierung, die sich das Recht vorbehielt, nach Belieben in die Häuser und in das Privatleben der amerikanischen Siedler einzudringen. Heute ist es die eigene Regierung der US-amerikanischen Bürger, die sich diese Befugnis anmaßt.

Großbritannien hält an dem Standpunkt fest, der die Siedler in den Aufstand trieb, doch in beschränkterem Umfang, da sich die Machtverhältnisse auf internationaler Ebene verschoben haben. Die britische Regierung hat die NSA ersucht, »sämtliche Mobiltelefon- und Faxnummern, E-Mails und IP-Adressen britischer Bürger, die ihre Rasterfahndung erfasst hat, zu analysieren und zu behalten«, schreibt der *Guardian* nach Analyse der Dokumente, die ihm Snowden zur Verfügung gestellt hat.

Britische Bürger (so wie andere ausländische Kunden) werden sich zweifellos freuen, wenn sie feststellen, dass die NSA routinemäßig Router, Server und andere Computernetzwerkgeräte abfängt, welche die Vereinigten Staaten exportieren, um ihnen Überwachungstechnik einzupflanzen, wie Greenwald in seinem Buch berichtet.

Wenn der Koloss seine Vision wahrmacht, kann im Prinzip jeder Tastendruck an die riesigen und wachsenden Datenbanken von Präsident Obama in Utah übermittelt werden.

Der Verfassungsrechtler im Weißen Haus ist offenbar fest entschlossen, noch weitere grundlegende Bürgerrechte abzuschaffen. Das Prinzip der Unschuldsvermutung, das auf die Magna Carta von vor achthundert Jahren zurückgeht, ist längst der Vergessenheit anheim gefallen.

Vor Kurzem schrieb die *New York Times* über die »Qual« eines Bundesrichters, der darüber befinden musste, ob ein syrischer

Gefangener, der aus Protest gegen seine Inhaftierung in Hungerstreik getreten ist, zwangsernährt werden darf.

Kein Wort über die »Qual«, dass der fragliche Gefangene seit zwölf Jahren ohne Prozess in Guantánamo eingesperrt ist, eines der zahlreichen Opfer des Führers der freien Welt, der sich das Recht vorbehält, Menschen ohne Anklage einzusperren und sie zu foltern.

Diese Tatsachen legen eine allgemeinere Hinterfragung der staatlichen Politik und ihrer Antriebsfaktoren nahe. Die allgemein anerkannte Erklärung ist, dass das wichtigste Ziel der Politik Sicherheit und Verteidigung gegen Feinde sei.

Diese Doktrin wirft sofort einige Fragen auf: Sicherheit für wen und Verteidigung gegen welche Feinde? Die Enthüllungen von Snowden unterstreichen auf drastische Art und Weise die Antworten auf diese Fragen.

Politische Maßnahmen dienen dazu, die Sicherheit der staatlichen Behörden und der heimischen Machtkonzentrationen zu schützen und gegen einen furchterregenden Feind zu verteidigen: die einheimische Bevölkerung, die eine große Gefahr darstellen kann, wenn sie der Kontrolle entgleitet.

Dass Information über den Feind einen entscheidenden Beitrag zur Bekämpfung desselben leistet, weiß man seit Langem. In dieser Hinsicht kann Präsident Obama auf eine Reihe bemerkenswerter Vorgänger zurückblicken, doch seine eigenen Beiträge haben ein beispielloses Niveau erreicht, wie aus den Werken von Snowden, Greenwald und anderen hervorgeht.

Um die staatliche und die privatwirtschaftliche Macht vor dem inneren Feind zu verteidigen, muss man diese beiden Instanzen verbergen, und im scharfen Gegensatz dazu den Feind der Staatsmacht völlig offenlegen.

Huntington schreibt: »Es wird vielleicht notwendig sein, [eine militärische Intervention o. ä.] so zu verkaufen, dass der falsche Eindruck entsteht, dass man eigentlich gegen die Sowjetunion kämpft.

Das ist die Taktik der Vereinigten Staaten seit der Truman-Doktrin« vom Beginn des Kalten Krieges.

Huntingtons Erkenntnisse über die staatliche Macht und ihre politischen Maßnahmen war sowohl korrekt als auch weitblickend.

Als er im Jahr 1981 diese Worte verfasste, begann die Regierung Reagan gerade ihren Krieg gegen den Terror, der sich alsbald in einen mörderischen und brutalen terroristischen Krieg verwandelte, vor allem in Mittelamerika, aber bald auch im südlichen Afrika, in Asien und im Nahen Osten.

Seit jenem Tag hat die Staatsmacht, um ihre Gewalttaten und Subversion in anderen Ländern oder ihre Verletzungen von grundlegenden Rechten im eigenen Land auszuführen, stets versucht, den falschen Eindruck hervorzurufen, es handle sich um die Bekämpfung von Terroristen; es gibt aber auch andere Optionen: Drogenbosse, verrückte Mullahs, die Atomwaffen haben wollen, und andere Monster, die uns angeblich angreifen und vernichten wollen.

Der wesentliche Grundatz bleibt dabei bestehen: Die Macht darf nicht dem Sonnenlicht ausgesetzt werden. Edward Snowden ist nun der meistgesuchte Verbrecher der Welt, weil er dieses Grundprinzip nicht verstanden hat.

Kurz gesagt: Aufseiten der Bevölkerung hat völlige Transparenz zu herrschen, aber aufseiten jener Mächte, die sich gegen diesen furchterregenden inneren Feind verteidigen müssen, gibt es keinerlei Transparenz.

Holzhammermethoden

3. Juli 2014

Am 26. Juni brachte die *New York Times* auf ihrer Titelseite ein Foto von Frauen, die um einen ermordeten Iraker trauern.

Er ist eines der zahllosen Opfer der Kampagne von ISIS (dem Islamischen Staat im Irak und in Syrien), in den die irakische Armee, die viele Jahre lang von den USA bewaffnet und ausgebildet worden war, rasch aufgegangen ist, worauf ein guter Teil des Irak in die Hände einiger Tausend Kämpfer fiel, was in der Geschichte der Imperien immer wieder vorgekommen ist. Genau über dem Bild stand das berühmte Motto der Zeitung: "All the News That's Fit to Print"*.

Da gibt es jedoch eine entscheidende Auslassung. Die Titelseite sollte auch die Worte des Urteils von Nürnberg gegen die prominenten Nazis bringen – Worte, die man wiederholen muss, bis sie in das Bewusstsein der Öffentlichkeit Eingang finden: Der Angriffskrieg ist »das schlimmste internationale Verbrechen, das sich von den anderen Kriegsverbrechen nur dadurch unterscheidet, dass er das ganze Übel in sich vereint«.

Und außer diesen Worten sollte da noch die Mahnung von Robert Jackson, dem Anklagevertreter der Vereinigten Staaten stehen: »Die Beweise, aufgrund derer wir über diese Angeklagten richten, sind die Beweise, aufgrund derer morgen die Geschichte über uns richten wird. Diesen Angeklagten den Schierlingsbecher zu reichen, heißt, ihn auch an unsere Lippen zu heben.«

Die amerikanisch-britische Invasion gegen den Irak war ein Paradebeispiel für einen Angriffskrieg. Seine Apologeten berufen

* »Alle Nachrichten, die es wert sind, gedruckt zu werden« — Anm. d. Übers.

sich auf hehre Absichten, die aber auch dann irrelevant wären, wenn diese Plädoyers einer Prüfung standhalten würden.

Für die Tribunale nach dem Zweiten Weltkrieg war es völlig unerheblich, dass die japanischen Imperialisten den Chinesen, die sie abschlachteten, das »Paradies auf Erden« bringen wollten, oder dass Hitler seine Armee im Jahr 1938 in Polen einmarschieren ließ, um Deutschland gegen den »wilden Terror« der Polen zu verteidigen. Das gilt auch, wenn wir von dem Schierlingsbecher trinken.

Jene, die auf der falschen Seite gelandet sind, machen sich keine Illusionen. Abdel Bari Atwan, Chefredakteur einer panarabischen Webseite, merkt an, »der wichtigste Faktor, der für das gegenwärtige Chaos [im Irak] verantwortlich ist, ist die US-amerikanische bzw. westliche Besatzung und die arabische Unterstützung, die sie genießt. Jede andere Behauptung ist irreführend und dient dazu, von dieser Tatsache abzulenken.«

Raed Jarrar, ein Irak-Experte, umriss vor Kurzem in einem Interview mit *Moyers & Company*, was wir im Westen wissen sollten. So wie viele Iraker ist er halb Schiit, halb Sunnit, und wusste vor der Invasion kaum über das religiöse Bekenntnis seiner Verwandtschaft bescheid, da »die Religionszugehörigkeit einfach kein Teil des nationalen Bewusstseins war«.

Jarrar erinnert daran, dass »diese religiösen Konflikte, die das Land zerstören ... eindeutig erst mit der US-amerikanischen Invasion und Besatzung begonnen haben«.

Die Aggressoren zerstörten »die irakische nationale Identität und ersetzten sie durch religiöse und ethnische Identitäten«, unmittelbar nachdem die USA dem Irak einen Regierungsrat verpassten, in dem die Sitze nach Religionszugehörigkeit verteilt waren, was im Irak ein Novum darstellte.

Jetzt sind Schiiten und Sunniten erbitterte Feinde, dank des Holzhammers, den Donald Rumsfeld (der ehemalige Verteidigungsminister der USA) und Dick Cheney (der Vizepräsident in der Regierung

George W. Bush) und andere geschwungen haben, die nur Gewalt und Terror verstehen und dazu beigetragen haben, die Konflikte zu schaffen, die jetzt die Region in Stücke reißen.

Andere Schlagzeilen künden vom Wiederaufleben der Taliban in Afghanistan. Der Journalist Anand Gopal erklärt die Gründe dafür in seinem bemerkenswerten Buch *No Good Men Among the Living. America, the Taliban, and the War through Afghan Eyes*.

In den Jahren 2001 und 2002, als der Holzhammer der USA auf Afghanistan niederging, verschwanden die Außenseiter der al-Kaida rasch und die Taliban gingen wieder in der Bevölkerung auf. Viele passten sich auf traditionelle Art und Weise der Herrschaft der jüngsten Eroberer an.

Washington war jedoch zum Äußersten entschlossen, um Terroristen aufzustöbern und zu vernichten. Die Diktatoren, die sie als Herrscher einsetzten, merkten sehr bald, dass sie die blinde Unwissenheit Washingtons ausnutzen konnten, um ihre Feinde anzugreifen, selbst jene, die eifrig mit den US-amerikanischen Invasoren kollaborierten.

Bald wurde das Land von unbarmherzigen Kriegsherren regiert, während viele ehemalige Taliban, die sich in die neue Ordnung eingliedern wollten, die Aufstandsbewegung wieder aufleben ließen.

Später übernahm Präsident Obama den Holzhammer, als er »aus dem Hintergrund« die Zerschlagung von Libyen anleitete.

Im März 2011, mitten während des Arabischen Frühlings und eines Aufstandes gegen den libyschen Herrscher Muammar al-Gaddafi, verabschiedete der UNO-Sicherheitsrat die Resolution 1973, die zu einem »Waffenstillstand und der vollständigen Einstellung jeglicher Gewalt und jeglicher Übergriffe gegen die Zivilbevölkerung« aufrief.

Das imperiale Triumvirat – Frankreich, England und die USA – zogen es sofort vor, gegen die Resolution zu verstoßen, und stellten die Luftwaffe für die Rebellen, was zu einer drastischen Eskalation der Gewalt führte.

Ihr Feldzug gipfelte im Angriff gegen Gaddafis Zufluchtsstätte in Sirte, die sie nach Berichten von Augenzeugen in der britischen Presse »völlig verwüsteten«, so dass Sirte »an die schlimmsten Bilder aus Grosny gegen Ende des blutigen russischen Krieges in Tschetschenien erinnerte«. Dem Triumvirat gelang es bei einem hohen Blutzoll, sein Ziel des *regime change* zu erreichen, wobei sie ihre frommen Absichtserklärungen Lügen straften.

Die Afrikanische Union (AU) lehnte den Angriff des Triumvirates mit Nachdruck ab. Nach einem Bericht des Afrikaspezialisten Alex de Waal in der britischen Zeitschrift *International Affairs* erstellte die AU einen »Fahrplan«, der einen Waffenstillstand, humanitäre Hilfe, den Schutz afrikanischer Migranten (die zum Großteil abgeschlachtet oder vertrieben wurden) und anderer Ausländer sowie politische Reformen vorsah, um »die Ursachen der gegenwärtigen Krise« zu beseitigen und weitere Schritte zur Errichtung einer »integrativen und einvernehmlichen Übergangsregierung, die zu demokratischen Wahlen führt«, zu unternehmen.

Die Rahmenbedingungen der AU wurden von Gaddafi im Prinzip akzeptiert, aber das Triumvirat, das »an echten Verhandlungen nicht interessiert« war, wie de Waal schreibt, lehnte sie ab.

Das Ergebnis ist, dass Libyen nun von verfeindeten Milizen zerrissen wird, während in einem guten Teil Afrikas dschihadistischer Terror entfesselt wurde, sowie ein Strom von Waffen, der auch Syrien erreicht.

Es gibt zahlreiche Belege für die Folgen der Holzhammermethoden. Nehmen wir zum Beispiel die Demokratische Republik Kongo, ehemals Belgisch-Kongo, ein riesiges und rohstoffreiches Land – und eine der schlimmsten Horrorgeschichten der Gegenwart. Nach der Unabhängigkeit im Jahr 1960 hatte der Kongo unter der Führung des Premierministers Patrice Lumumba die Chance auf eine erfolgreiche Entwicklung.

Der Westen wollte davon aber nichts wissen. Der CIA-Chef Allen Dulles beschloss, dass »die Beseitigung [von Lumumba] ein dringendes und wichtiges Ziel« einer verdeckten Aktion sein muss, nicht zuletzt, da US-amerikanische Investitionen womöglich durch »radikale Nationalisten«, wie sie in internen Dokumenten genannt werden, gefährdet sein könnten.

Lumumba wurde unter Aufsicht belgischer Beamter ermordet und damit war Präsident Eisenhowers Wunsch erfüllt, er »möge in einen Fluss voller Krokodile fallen«. Der Kongo wurde dem Liebling der USA überreicht, dem mörderischen und korrupten Diktator Mobutu Sese Seko, und die Zerschlagung der Hoffnungen Afrikas geht bis heute weiter.

Die Folgen des US-amerikanischen Staatsterrors, die sich weniger weit weg ergeben, sind nicht so leicht zu ignorieren. Derzeit macht man sich große Sorgen über die Welle von Kindern, die aus Mittelamerika in die USA flüchten.

Die *Washington Post* berichtet, das der Anstieg »vor allem aus Guatemala, El Salvador und Honduras kommt«, aber nicht aus Nikaragua. Wie das? Könnte es sein, dass Nikaragua das einzige Land war, das eine Armee hatte, welche die Bevölkerung vor den von den USA organisierten Terroristen schützte, als in den 1980er Jahren Washingtons Holzhammer auf die Region eindrosch, während in den drei anderen Ländern die Terroristen, die das Land verwüsteten, die Armeen waren, die Washington ausgerüstet und ausgebildet hatte?

Obama hat eine humanitäre Antwort auf den tragischen Zustrom vorgeschlagen: effizientere Abschiebungen. Wären auch andere Möglichkeiten denkbar?

Es wäre nicht fair, die Ausübung von "soft power" und die Rolle der Privatwirtschaft zu übergehen. Ein gutes Beispiel ist die Entscheidung von Chevron, seine vielgepriesenen Programme für erneuerbare Energie einzustellen, weil fossile Brennstoffe viel profitabler sind.

Exxon Mobil hat wiederum angekündigt, »dass seine ganz enge Ausrichtung auf fossile Brennstoffe ungeachtet der Klimaerwärmung eine vernünftige Strategie sei«, berichtet *Bloomberg Businesweek*, »denn die Welt brauche viel mehr Energie, und die Wahrscheinlichkeit deutlicher Emmissionsverringerungen seien ›äußerst unwahrscheinlich‹.«

Deshalb wäre es ein Fehler, die Leser täglich auf das Urteil von Nürnberg hinzuweisen.

Angriffskrieg ist nicht mehr das »schlimmste internationale Verbrechen«. Er ist nicht vergleichbar mit der Vernichtung des Lebens zukünftiger Generationen um morgiger fetter Prämien willen.

Horror in Gaza

1. August 2014

Bei all dem Horror der jüngsten israelischen Offensive im Gazastreifen verfolgt Israel ein einfaches Ziel: Eine Rückkehr zum Normalzustand.

Für das Westjordanland besteht der Normalzustand darin, dass Israel weiter illegale Siedlungen und Infrastruktur baut, damit alles, was irgendeinen Wert haben könnte, an Israel angebunden wird, während die Palästinenser in nicht lebensfähige Enklaven eingesperrt werden, in denen sie Unterdrückung und Gewalt ausgesetzt sind.

Für den Gazastreifen besteht der Normalzustand darin, im Elend einer grausamen und zerstörerischen Belagerung zu vegetieren, die Israel verhängt hat, um nichts weiter als das nackte Überleben zu gestatten.

Der jüngste israelische Amoklauf wurde von der brutalen Ermordung dreier israelischer Jungen aus einer Siedlergemeinde im besetzten Westjordanland ausgelöst. Einen Monat zuvor waren zwei palästinensische Jungen in der Stadt Ramallah im Westjordanland erschossen worden. Das fiel jedoch nicht weiter auf, was verständlich ist, da es ständig vorkommt.

»Die institutionalisierte Missachtung des Lebens von Palästinensern im Westen ist nicht nur eine Erklärung dafür, warum die Palästinenser zu Gewalt greifen«, schreibt der Nahostexperte Mouin Rabbani, »sondern auch für den letzten Angriff Israels auf den Gazastreifen.«

Der Menschenrechtsanwalt Raji Sourani, der jahrelang während israelischer Brutalität und Terror im Gazastreifen lebte, sagte in einem Interview: »Wenn von einem Waffenstillstand die Rede ist, hörte ich meist Folgendes: Jeder sagt, dass es besser wäre, wir sterben alle, als wieder in der gleichen Situation wie vor diesem Krieg zu sein. Wir wollen das nicht mehr. Wir haben keine Würde, keinen Stolz; wir sind ›weiche Ziele‹, und unser Leben kostet nichts. Entweder die Lage wird wirklich besser, oder wir sterben lieber einfach. Ich rede hier von Intellektuellen, Akademikern und normalen Leuten: Alle sagen dasselbe.« Im Januar 2006 begingen die Palästinenser ein schweres Verbrechen: In einer sorgfältig überwachten freien Wahl wählten sie die falsche Partei und gaben Hamas die Kontrolle über das Parlament.

Die Medien psalmodieren ständig, dass die Hamas sich der Vernichtung Israels verschrieben habe.

In Wirklichkeit haben Mitglieder der Hamas-Führung immer wieder klargestellt, dass die Hamas in Übereinstimmung mit dem internationalen Konsens eine Zwei-Staaten-Lösung akzeptieren würde, doch diese Lösung wird seit vierzig Jahren von den USA und von Israel blockiert.

Im Gegensatz dazu hat sich Israel der Vernichtung Palästinas verschrieben, abgesehen von bedeutungslosen Worten ab und zu, und setzt dieses Vorhaben auch um.

Die Palästinenser wurden für ihr Verbrechen im Januar 2006 wurde sofort bestraft. Die USA und Israel, schändlicherweise mit Europa im Schlepptau, verhängten strenge Sanktionen gegen die fehlgeleitete Bevölkerung, und Israel intensivierte seine Gewalt.

Die USA und Israel leiteten rasch Pläne für einen Militärputsch ein, um die gewählte Regierung zu stürzen. Als die Hamas die Dreistigkeit besaß, diese Pläne zu durchkreuzen, wurden die israelischen Angriffe und die Belagerung noch schlimmer.

Eigentlich sollte es nicht nötig sein, die erbärmliche Bilanz seither zu wiederholen. Die gnadenlose Belagerung und die brutalen Angriffe werden immer wieder vom »Rasenmähen« unterstrichen, um den fröhlichen Ausdruck Israels für seine regelmäßigen Übungen zu verwenden, wenn es auf Palästinenser wie auf Tiere in einem Kessel schießt, und das Ganze dann »Verteidigungskrieg« nennt.

Wenn der Rasen gemäht ist und die verzweifelte Bevölkerung versucht, ihr Leben nach dem Morden in den Trümmern wieder aufzubauen, dann gibt es einen Waffenstillstand. Der letzte Waffenstillstand wurde nach dem israelischen Angriff vom Oktober 2012, genannt Operation »Wolkensäule«, etabliert.

Obwohl Israel die Belagerung aufrechterhielt, hielt sich die Hamas an den Waffenstillstand, wie Israel zugibt. Das änderte sich im April dieses Jahres, als die Fatah und die Hamas eine Koalitionsvereinbarung schlossen, nach dem eine neue Regierung aus Technokraten gebildet wurde, die keiner der beiden Parteien angehören.

Israel war natürlich wutentbrannt, umso mehr, als selbst die Regierung Obama sich der übrigen westlichen Welt anschloss und ihre Zustimmung signalisierte. Die Koalitionsvereinbarung entzog nicht nur der Behauptung Israels den Boden, dass es nicht mit einem innerlich gespaltenen Palästina verhandeln könne, sondern gefährdet auch das langfristige Ziel, den Gazastreifen vom Westjordanland zu trennen und die zerstörerische Politik in beiden Gebieten fortzusetzen.

Irgendetwas musste geschehen, und am 12. Juni ergab sich eine Gelegenheit, als drei israelische Jungen im Westjordanland ermordet wurden. Die Regierung Netanjahu wusste bald, dass sie tot waren, tat jedoch so, als wüsste sie das nicht, und das bot die Gelegenheit für einen Amoklauf im Westjordanland gegen die Hamas.

Premierminister Benjamin Netanjahu behauptete, er wisse mit Bestimmtheit, dass die Hamas für die Morde verantwortlich sei. Auch das war eine Lüge.

Shlomi Eldar, einer der führenden Hamas-Spezialisten Israels, berichtete praktisch sofort, dass die Mörder wahrscheinlich Angehörige eines dissidenten Klanes aus Hebron seien, welcher der Hamas seit lange ein Dorn im Auge war. Eldar fügte hinzu: »Ich bin sicher, dass sie von der Hamas-Führung kein grünes Licht hatten; sie dachten einfach, es sei die richtige Zeit zu handeln.«

Mit dem achtzehntägigen Amoklauf nach der Entführung gelang es jedoch, die gefürchtete Einheitsregierung zu untergraben, und die israelische Unterdrückung drastisch zu steigern. Israel führte auch Dutzende Angriffe gegen den Gazastreifen durch und tötete am 7. Juli fünf Hamas-Mitglieder.

Die Hamas reagiert schließlich mit den ersten Raketen seit neunzehn Monaten und lieferte Israel damit den Vorwand für die Operation »Mächtige Felswand« am 8. Juli.

Bis 31. Juli wurden etwa 1400 Palästinenser getötet, die meisten davon Zivilisten, darunter hunderte Frauen und Kinder. Und drei israelische Zivilisten. Große Teile des Gazastreifens wurden in Schutt und Asche gelegt. Vier Krankenhäuser waren angegriffen worden – jeder dieser Angriffe ein weiteres Kriegsverbrechen.

Israelische Regierungsvertreter lobten das humane Vorgehen ihres Heeres, das sie »die menschlichste Armee der Welt« nennen, welche die Bewohner darüber informiert, dass ihre Häuser demnächst bombardiert werden. Die Praxis ist »Sadismus, der sich scheinheilig als Barmherzigkeit tarnt«, sagt die israelische Journalistin Amira Hass: »Eine automatische Ansage verlangt, dass hunderttausende Menschen ihre Häuser, die bereits Ziel von Angriffen waren, verlassen, und sich an einen anderen Ort begeben, der genauso gefährlich und zehn Kilometer entfernt ist.« In Wirklichkeit gibt es im Gefängnis Gazastreifen keinen Ort, an dem man vor dem israelischen Sadismus sicher ist, der womöglich die schrecklichen Verbrechen der Operation »Gegossenes Blei« 2008/2009 in den Schatten stellt.

Die grässlichen Enthüllungen lösten bei Barack Obama, dem menschlichsten Präsidenten der Welt, die übliche Reaktion aus: große Sympathie für die Israelis, scharfe Verurteilung der Hamas und einen Aufruf zur Mäßigung an beide Seiten.

Wenn die gegenwärtigen Angriffe beendet werden, hofft Israel, seine kriminelle Politik in den besetzten Gebieten ohne Einmischung und mit Unterstützung der USA wie bisher fortsetzen zu können.

Die Bevölkerung des Gazastreifens darf wieder zum Alltag in ihrem von Israel betriebenen Gefängnis zurückkehren, während die Palästinenser im Westjordanland friedlich zusehen dürfen, wie Israel ihnen das, was ihnen an Besitz noch übrig geblieben ist, ebenfalls wegnimmt.

Das ist das wahrscheinlichste Ergebnis, wenn die USA ihre entscheidende und praktisch unilaterale Unterstützung der israelischen Verbrechen sowie ihre Ablehnung des langjährigen internationalen Konsens über eine diplomatische Lösung aufrechterhalten. Die Zukunft wird jedoch ganz anders aussehen, wenn die USA Israel ihre Unterstützung versagen.

In diesem Fall wäre es möglich, einer »nachhaltigen Lösung« im Gazastreifen näher zu kommen, wie der US-amerikanische Außenminister John Kerry forderte, was in Israel hysterisch verurteilt wird, da diese Phrase als eine Aufforderung an Israel interpretiert werden könnte, seine Belagerung und seine regelmäßigen Angriffe einzustellen. Und – was für eine Horrorvorstellung! – die Phrase könnte womöglich gar als Umsetzung des Völkerrechts in den übrigen besetzten Gebieten interpretiert werden.

Vor vierzig Jahren traf Israel die schicksalhafte Entscheidung, die Expansion der Sicherheit vorzuziehen, und lehnte den vollen Friedensvertrag ab, den Ägypten ihm im Gegenzug für den Abzug von der besetzten Sinai-Halbinsel anbot, wo Israel mit umfangreichen Siedlungs- und Entwicklungsprojekten begonnen hatte. Israel hat seitdem stets an dieser Politik festgehalten.

Wenn die USA beschließen würden, sich der Welt anzuschließen, hätte das große Auswirkungen. Israel hat immer wieder Lieblingsprojekte aufgegeben, wenn Washington es verlangte. Das sind die Kräfteverhältnisse zwischen den beiden Staaten.

Israel war einst ein Land, das sehr bewundert wurde, doch

mittlerweile wird es aufgrund seiner Politik gefürchtet und verachtet und hat kaum noch andere Optionen. Diese Politik setzt es blindlings und beharrlich fort und marschiert in Richtung moralischer Verfall sowie möglicherweise in Richtung Vernichtung.

Könnte sich die Politik der USA verändern? Das ist nicht ausgeschlossen. Die öffentliche Meinung hat sich in den letzten Jahren erheblich verschoben, besonders unter jungen Leuten, und kann nicht völlig ignoriert werden.

Seit einigen Jahren gibt es eine günstige Ausgangsbasis für öffentliche Forderungen, dass Washington sich an seine eigenen Gesetze hält und die Militärhilfe für Israel beendet. US-amerikanisches Recht fordert, dass »keinem Land, dessen Regierung einem festen Muster grober Verstöße international anerkannter Menschenrechte folgt, Sicherheitsunterstützung gewährt werden darf«.

Israel ist definitiv eines solchen Musters schuldig, und das seit vielen Jahren.

Senator Patrick Leahy aus Vermont, der Autor dieser gesetzlichen Bestimmung, hat auf seine potenzielle Anwendbarkeit auf Israel in besonderen Fällen hingewiesen, und mit soliden aufklärerischen, organisatorischen und aktivistischen Anstrengungen könnte eine solche Initiative Erfolg zeitigen.

Dass alleine hätte schon erhebliche Auswirkungen und wäre auch ein Sprungbrett für weitere Aktionen, um Washington dazu zu nötigen, Teil der »internationalen Gemeinschaft« zu werden sowie völkerrechtliche Gesetze und Normen einzuhalten.

Nichts wäre wichtiger für die tragischen palästinensischen Opfer der langjährigen Gewalt und Unterdrückung.

Epilog: Die Eule der Minerva – ISIS und die Realität der Gegenwart

3. September 2014

Sich vorzustellen, was der Eule der Minerva bei Einbruch der Dämmerung durch den Kopf geht, wenn sie sich anschickt, das Zeitalter der menschlichen Kultur zu bilanzieren, das womöglich bald ein unrühmliches Ende findet, ist kein schöner Gedanke.

Dieses Zeitalter begann vor fast zehntausend Jahren im fruchtbaren Halbmond, der sich vom Zweistromland zwischen Euphrat und Tigris über Phönizien an der Ostküste des Mittelmeeres bis an das Niltal und von dort nach Griechenland und darüber hinaus erstreckte. Was in dieser Region geschieht, ist eine schmerzhafte Lektion dessen, wie tief eine Spezies sinken kann.

Das Land an Euphrat und Tigris ist seit den letzten Jahren Schauplatz unsäglichen Grauens. Der Angriffskrieg von George W. Bush und Tony Blair im Jahr 2003, den viele Iraker mit der Invasion der Mongolen im 13. Jahrhundert vergleichen, war ein weiterer tödlicher Schlag. Er zerstörte viel von dem, was die Sanktionen gegen den Irak, zu denen Bill Clinton die UNO getrieben hatte, noch überlebt hatte. Die renommierten Diplomaten Denis Halliday und Hans von Sponeck, die für die Anwendung der Sanktionsbestimmungen zuständig waren, bis sie aus Protest zurücktraten, bezeichneten die Sanktionen als »völkermörderisch«. Die niederschmetternden Berichte von Halliday und von Sponeck erlitten das übliche Schicksal unerwünschter Tatsachen.

Die *New York Times* zeigte in ihrem »visuellen Leitfaden zur Krise im Irak und in Syrien« eine der verheerenden Folgen der Invasion der

Vereinigten Staaten und Großbritanniens auf: die drastische Veränderung von Bagdad, von gemischten Stadtvierteln im Jahr 2003 hin zu religiösen Enklaven, die in bitterem Hass gegeneinander festgefahren sind. Die Konflikte, die die Invasion entzündete, haben sich weiter ausgedehnt und reißen nun die ganze Region in Stücke.

Ein guter Teil des Zweistromlandes ist in den Händen von ISIS und seinem selbsternannten islamischen Staat, einer düsteren Karikatur der extremistischen Version eines radikalen Islam, der aus Saudi-Arabien stammt. Patrick Cockburn, der Nahostkorrespondent des *Independent* und einer der am besten informierten ISIS-Experten, beschreibt diesen als »eine äußerst furchtbare und in vielerlei Hinsicht faschistische Organisation, konfessionell sehr sektiererisch, die jeden umbringt, der nicht an ihre besonders strenge Version des Islam glaubt.«

Cockburn weist auch auf den Widerspruch der westlichen Reaktion auf das Entstehen des ISIS hin: einerseits die Versuche, seinen Vormarsch im Irak aufzuhalten, und andererseits die Versuche, seinen wichtigsten Gegner in Syrien zu schwächen, das brutale Regime von Baschar Assad. Gleichzeitig ist die Hisbollah – ein wesentliches Hindernis dafür, dass sich die Plage des ISIS im Libanon ausbreitet – ein verhasster Feind der USA und seines Verbündeten Israel. Und um die Situation noch komplizierter zu machen, sind nun sowohl die USA als auch der Iran zu Recht besorgt über den Aufstieg des Islamischen Staates, und das gilt auch für andere Kräfte in diesem konfliktbelasteten Gebiet.

Ägypten ist unter der Militärdiktatur, die nach wie vor von den USA unterstützt wird, in eine seiner dunkelsten Zeiten geraten. Das war nicht die Vorsehung des Schicksals. Jahrhundertelang waren durchaus andere Wege möglich gewesen, und allzu oft hat der Imperialismus diese mit seiner starken Hand blockiert.

Nach den neuen Gräueln der letzten Wochen muss man nicht mehr extra betonen, was nun von Jerusalem ausgeht, das in ferner Vergangenheit als Zentrum der Moral galt.

Vor achtzig Jahren pries Martin Heidegger Nazideutschland als die größte Hoffnung auf Rettung der glorreichen Kultur der Griechen vor den Barbaren in Ost und West. Heute zermalmen deutsche Bankiers Griechenland mit einem wirtschaftlichen Regime, das dazu dient, ihren Reichtum und ihre Macht zu erhalten.

Das wahrscheinliche Ende des Zeitalters der menschlichen Kultur lässt sich aus einem neuen Berichtsentwurf des Weltklimarates (IPCC) erahnen, der im Allgemeinen konservative Einschätzungen dessen gibt, was mit der physischen Welt geschieht.

Der Bericht kommt zu dem Schluss, dass die steigenden Treibhausgasemissionen das Risiko »schwerer, verbreiteter und unumkehrbarer Folgen für Menschen und Ökosysteme« in den nächsten Jahrzehnten darstellen.

Die Welt nähert sich einer Temperatur, bei der der Verlust des riesigen grönländischen Eisschildes nicht mehr aufzuhalten sein wird. Gemeinsam mit dem Schmelzen des antarktischen Eisschildes könnte dies zu einem Ansteigen des Meeresspiegels führen, so dass zahlreiche Großstädte und Küstenebenen überflutet werden.

Das Zeitalter der menschlichen Kultur fällt mehr oder weniger mit dem Erdzeitalter des Holozäns zusammen, das vor mehr als elftausend Jahren begann. Das vorausgegangene Pleistozän hatte 2,5 Millionen Jahre gedauert. Wissenschaftler gehen nun davon aus, dass vor etwa 250 Jahren ein neues Erdzeitalter begann, das Anthropozän, die Zeit, seit der die menschliche Aktivität drastische Auswirkungen auf die physische Welt hat. Der rasche Wechsel der Erdzeitalter ist kaum zu ignorieren.

Eine Kennziffer des menschlichen Einflusses ist das Aussterben von Arten, das derzeit nach Schätzungen im gleichen Tempo vor sich geht wie vor 65 Millionen Jahren, als ein Asteroid auf der Erde einschlug. Man nimmt an, dass dies auch die Ursache für das Ende des Zeitalters der Dinosaurier war, so dass sich kleine Säugetiere – und schließlich die modernen Menschen – stark vermehren konnten.

Heute sind wir Menschen der Asteroid, der einen guten Teil des Lebens zum Aussterben verdammt.

Der Bericht des Weltklimarates bestätigt erneut, dass »die überwiegende Mehrheit« der bekannten Vorkommen fossiler Brennstoffe nicht erschlossen werden darf, um untragbare Risiken für zukünftige Generationen abzuwenden. Gleichzeitig machen die großen Energiekonzerne keinen Hehl aus ihrem Ziel, diese Vorkommen zu verwerten und weitere zu entdecken.

Die *New York Times* berichtete einen Tag bevor sie die Zusammenfassung der Studie des Weltklimarates brachte, dass im Mittleren Westen riesige Getreidevorräte verrotten, damit die Produkte des Ölbooms in North Dakota mit der Bahn für den Export nach Asien und nach Europa transportiert werden können.

Eine der am meisten gefürchteten Folgen der vom Menschen verursachten globalen Erwärmung ist das Auftauen der Permafrostböden. Eine Studie in der Zeitschrift *Science* warnt, »selbst eine leichte Erwärmung [geringer als für die kommenden Jahre erwartet] könnte dazu führen, das Permafrostböden zu tauen beginnen, was wiederum die Freisetzung von riesigen Mengen an Treibhausgasen, die in dem Eis gebunden sind, auslösen könnte«, was »fatale Folgen« für das Weltklima haben könnte.

Arundhati Roy meint, dass die »passendste Metapher für den Wahnsinn unserer Zeit« der Siachen-Gletscher sei, wo indische und pakistanische Soldaten einander auf dem höchstgelegenen Schlachtfeld der Welt töten. Der Gletscher schmilzt nun und gibt »Tausende leerer Artilleriegeschosse, leere Treibstoffkanister, Eispickel, alte Stiefel, Zelte und allen möglichen Abfall frei, den Tausende sich bekriegender menschlicher Wesen hinterlassen« in einem sinnlosen Konflikt. Und mit dem Schmelzen der Gletscher sind Indien und Pakistan mit einer unbeschreiblichen Katastrophe konfrontiert.

Traurige Spezies. Arme Eule.